Stefano Giordano

Villa dei Mughetti

Adattamento e attività di **Jimmy Bertini**
Illustrazioni di **Giulia Ghigini**

D1602913

Redazione: Cristina Spano
Progetto grafico e direzione artistica: Nadia Maestri
Grafica al computer: Gloriana Conte
Ricerca iconografica: Laura Lagomarsino

© 2010 Cideb

Prima edizione: gennaio 2010

Crediti fotografici:
Archivio Cideb ; Getty Images: p. 6; De Agostini Picture
Library: p. 17 centro sinistra, p. 43-47.

Saremo lieti di ricevere i vostri commenti o eventuali
suggerimenti, e di fornirvi ulteriori informazioni sulle nostre
pubblicazioni:
info@blackcat-cideb.com

Le soluzioni degli esercizi sono disponibili sul sito:
blackcat-cideb.com

The Publisher is certified by

 CISQCERT

in compliance with the UNI EN ISO 9001:2000
standards for the activities of 'Design, production,
distribution and sale of publishing products.'
(certificate no. 04.953)

Stampato in Italia da Italgrafica, Novara

Indice

 Il testo è integralmente registrato.

 Esercizi in stile CELI 2 (Certificato di conoscenza della lingua italiana), livello B1.

Santa Margherita Ligure

Un po' di geografia...

Situato a una trentina di chilometri da Genova, il comune di Santa Margherita Ligure fa parte della zona geografica chiamata *Tigullio*. Questo antico paese di pescatori, oggi diventato uno dei centri turistici e balneari più affascinanti ed eleganti della Riviera ligure di Levante, ospita circa 10.000 abitanti. La cittadina, soprannominata "la Perla del Tigullio", è circondata da colline su cui si possono vedere bellissime ville con magnifici parchi. Gran parte di queste colline sono coltivate ad uliveto (per la produzione di olio extravergine di oliva) tramite numerosissimi terrazzamenti [1] sorretti da muri a secco, costruiti posizionando le pietre senza l'aiuto del

1. **Un terrazzamento**: sistemazione di un terreno a terrazze per la coltivazione.

4

cemento. Santa Margherita Ligure è affacciata sulla cosiddetta *Costa dei Delfini*, che la unisce a Portofino, una delle mete turistiche più famose della Liguria. Come scriveva Valéry Larbaud [2], "questo paesaggio di mare e di olivi fitti non cambia mai... ed esso mi offre una visione dell'immutabile".

I luoghi da vedere

Nella cittadina, probabilmente abitata fin dall'epoca romana, vi sono numerosi tesori artistici, come la chiesa di San Giacomo di Corte, ubicata nel quartiere storico di Corte, e la basilica di Santa Margherita d'Antiochia, iniziata nel 1658 sui resti di una chiesa del Duecento. Degno di nota è, inoltre, il complesso dell'abbazia della Cervara, dichiarato monumento nazionale italiano nel 1912, immerso in una densa e ricca vegetazione appena sopra la strada che costeggia la *Costa dei Delfini*.

Girando a piedi per il borgo si scoprono i colori delle facciate, i vicoli stretti tipici della Liguria e i bellissimi fiori che decorano ogni balcone. Una camminata lungo il mare, soprattutto nel tardo pomeriggio, quando gli abitanti di Santa Margherita fanno due passi mangiando un gelato, e una visita al porto sono d'obbligo. Lì si potranno ammirare lussuose imbarcazioni da diporto, ma anche una

2. **Larbaud Valéry** (1881-1957): scrittore francese.

5

flotta di pescherecci, che tiene alta l'antichissima tradizione di pesca e di marineria tipica della città. I ristoranti affacciati sul mare propongono, infatti, i famosi gamberoni di Santa Margherita, una delle specialità più caratteristiche e saporite di questo lembo di costa.

Villa Durazzo-Centurione

Una delle attrattive principali del borgo è villa Durazzo-Centurione, commissionata dai marchesi Durazzo come residenza estiva e edificata su un colle nel 1678, secondo i disegni del famoso architetto Galeazzo Alessi. Si tratta di un complesso nobiliare costituito da due ville (Durazzo-Centurione e San Giacomo), da un castello cinquecentesco e da un vasto ed elegante parco seicentesco, che nasconde un bellissimo giardino all'italiana con sentieri in tipico acciottolato [3] ligure, detto *risseu*. Ampliato e modificato più volte tra l'inizio dell'Ottocento e la metà del Novecento, il complesso è diventato proprietà comunale nel 1973.

All'interno di villa Durazzo è possibile visitare gli *appartamenti del Principe*, la *raccolta Bellometti* e il *museo artistico "Vittorio G. Rossi"* (scrittore e giornalista), che ospita numerosi dipinti, affreschi e *trompe-l'œil* della scuola pittorica genovese del Seicento e del Settecento.

3. **Un acciottolato**: pavimentazione fatta di sassi (ciottoli).

Comprensione scritta

1 Rileggi attentamente il dossier e indica se le seguenti affermazioni sono vere (V) o false (F).

		V	F
1	Santa Margherita Ligure fa parte della zona geografica chiamata *Tigullio*.	☐	☐
2	La città è stata soprannominata "il gioiello del Tigullio".	☐	☐
3	La basilica di Santa Margherita d'Antiochia è stata iniziata nel 1658.	☐	☐
4	L'abbazia della Cervara fa parte del patrimonio mondiale dell'Unesco.	☐	☐
5	La *Costa dei Delfini* unisce Santa Margherita Ligure a Genova.	☐	☐
6	Nel porto si possono ammirare lussuose imbarcazioni da diporto e numerosi pescherecci.	☐	☐
7	Le aragoste sono una delle specialità di Santa Margherita Ligure.	☐	☐
8	Villa Durazzo-Centurione è stata edificata nel 1678.	☐	☐
9	Il *risseu* è un piatto tipico della Liguria.	☐	☐
10	Vittorio G. Rossi era un pittore.	☐	☐

Personaggi

Da sinistra a destra e dall'alto in basso: **Giorgio, Maria, Arturo, il commissario Sabbatini, Giacomo Bertazzi, Guido Bazurro, Vittorio De Bianchi, Beatrice De Bianchi, Giovanni De Bianchi, Filippo Galliani, Monica Galliani, Barbara Rondani, Alessandro Rondani, Maurizio Zanardi.**

CAPITOLO 1

Il furto

È primavera! Il primo maggio si avvicina e Beatrice De Bianchi pensa ai preparativi della festa che organizzerà per il suo compleanno.

Come ogni anno si reca a *Villa dei Mughetti*, una grande tenuta [1] di sua proprietà che si trova vicino a Santa Margherita Ligure. *Villa dei Mughetti* è una splendida dimora del Settecento da sempre appartenuta alla sua famiglia e di cui è molto fiera.

Beatrice ama trascorrere il proprio tempo in questa tenuta. Le piace passeggiare nei boschi, dove raccoglie il mughetto, un fiore che adora e che cresce spontaneamente nel sottobosco [2] dietro alla villa. Per lei queste passeggiate sono una vera delizia, soprattutto dopo l'inverno passato quasi interamente a Milano.

Beatrice desidera occuparsi del giardino da sola. Lo abbellisce [3] ogni anno con fiori esotici e piante nuove di cui conosce le proprietà: è lei che le fa seccare per preparare ottime tisane.

---

1. **Una tenuta**: grande proprietà.
2. **Il sottobosco**: insieme di erbe e di arbusti che crescono nel bosco.
3. **Abbellire**: decorare, rendere più bello.

Timo, rosmarino, salvia, camomilla, dragoncello, melissa... non hanno alcun segreto per lei! Ha persino fatto un piccolo orto dove coltiva, tra l'altro, i lamponi, i suoi frutti preferiti.

Manca ancora una settimana al suo compleanno, ma Beatrice vuole che tutto sia perfetto, dalla decorazione della casa alla preparazione del menù. Di solito è lei ad occuparsi del pranzo perché è un'ottima cuoca.

Beatrice è anche un'eccellente padrona di casa, sempre pronta ad accogliere gli ospiti con calore e attenzione. Ha imparato l'arte di ricevere fin da bambina, quando suo nonno riuniva l'intera famiglia e organizzava bellissime feste. Purtroppo, negli ultimi anni, le occasioni di festeggiare con la famiglia si sono diradate e i rapporti si sono deteriorati. Nonostante tutto Beatrice non ha mai rinunciato all'"appuntamento" del primo maggio.

In treno Beatrice, persa nei suoi pensieri, ammira i paesaggi liguri che le sono così familiari.

All'arrivo è accolta da Giorgio, il custode della villa.

— Buongiorno, signora, e benvenuta!

Giorgio sembra a disagio, ma Beatrice non lo nota... È così felice di essere finalmente arrivata a Santa Margherita!

— Grazie, Giorgio. Che sole! Che tranquillità! È proprio un paradiso qui! Non vedevo l'ora di arrivare a casa! esclama Beatrice.

— Signora, ho una brutta notizia da darle: stanotte sono venuti i ladri e...

— I ladri? È uno scherzo?

— Purtroppo no. Apparentemente l'allarme non ha funzionato e i cani sono stati addormentati. Io ero in camera mia e non ho sentito nulla. Sono davvero spiacente... Stamattina ho trovato la finestra della cucina aperta e un vetro rotto. Sono andato di corsa

in salotto e ho visto che mancava l'argenteria. Mi spiace davvero...

— Non è possibile! Ha chiamato la polizia?

— Sì, l'ho chiamata immediatamente. Stamattina presto sono venuti due agenti.

— E che cosa hanno detto?

— Hanno detto che deve andare al più presto possibile al commissariato a sporgere denuncia. Volevano anche sapere se è assicurata...

— Certo che lo sono! Immagino che bisognerà fare un elenco di tutto ciò che è stato rubato... Ha visto se mancava qualcos'altro?

— Ho verificato, non manca altro... molto probabilmente i ladri hanno avuto paura di essere colti sul fatto, quindi sono partiti prima di portare a termine il "lavoro".

— Che tristezza! Ero molto affezionata a quell'argenteria... L'avevo ereditata da mio nonno. Era così buono e caro, lui... Quante cose ha dovuto sopportare, con tutte le vipere che ci sono in famiglia...

— Mi dispiace proprio, signora. So perfettamente quanto tenesse all'argenteria, dice Giorgio.

Arturo, il maggiordomo, e Maria, la governante, si sono già messi al lavoro. Maria disfa le valigie della padrona di casa e ripone i vestiti in camera. Arturo verifica le provviste e inizia a preparare il pranzo. Beatrice è talmente sconvolta da rinunciare a prepararlo personalmente, come al solito. Aspetta con impazienza Giovanni, suo marito, che arriverà nel pomeriggio.

Giovanni De Bianchi è un uomo molto impegnato: lavora tanto ed è spesso in trasferta. Ma, per una volta, ha deciso di riposarsi un po' e di trascorrere qualche giorno a *Villa dei Mughetti* con la moglie.

12

Quando arriva, Beatrice lo informa immediatamente del furto.

— Oh, Giovanni, che peccato! Ero così affezionata a quell'argenteria! Ho appena chiamato l'assicuratore che mi ha chiesto una copia della dichiarazione di furto, perciò devo andare al commissariato appena possibile. Mi accompagni, per favore?

— Certo, tesoro, sai che puoi contare su di me. Adesso chiamo il tecnico per far aggiustare l'allarme. Se necessario, gli chiedo anche di cambiarlo.

— Grazie, Giovanni, sei un amore.

— Senti, hai notizie di Vittorio? Sai se viene alla festa per il tuo compleanno?

— No, non lo so... Lo conosci... Mi ha detto che è molto impegnato in questo momento... Chissà, magari si è messo a studiare davvero!

Vittorio, il figlio, vive a Milano dove "fa finta" di studiare legge. È un tipo davvero originale... Ha 22 anni e poca voglia di occuparsi dell'università. Dedica tutto il tempo alla sua vera passione: il teatro. Fa parte di una piccola compagnia teatrale e, per via delle prove, gli esami passano, ovviamente, in secondo piano. Dicono che sia un ottimo attore, ma i genitori lo vorrebbero laureato.

Chissà se verrà alla festa organizzata da sua madre o, come sempre, avrà qualcos'altro da fare... Sa perfettamente quanto lei desideri la sua presenza...

Comprensione scritta e orale

1 Rileggi il capitolo e indica se le seguenti affermazioni sono vere (V) o false (F).

		V	F
1	La villa di Beatrice De Bianchi si trova a Genova.	☐	☐
2	È la prima volta che Beatrice organizza la festa per il suo compleanno a *Villa dei Mughetti*.	☐	☐
3	Beatrice adora cucinare e fare giardinaggio.	☐	☐
4	Al suo arrivo Beatrice è accolta dal custode.	☐	☐
5	I ladri hanno rubato i gioielli di Beatrice.	☐	☐
6	Giorgio non ha ancora chiamato la polizia.	☐	☐
7	Beatrice deve andare in questura per sporgere denuncia.	☐	☐
8	Vittorio studia legge all'università di Bologna.	☐	☐
9	Vittorio fa parte di una compagnia teatrale.	☐	☐
10	Beatrice non sa ancora se Vittorio verrà alla festa.	☐	☐

2 Rileggi il capitolo e rispondi alle domande.

1 Come ama Beatrice trascorrere le giornate a *Villa dei Mughetti*?
2 Che fiore raccoglie Beatrice nel sottobosco dietro alla villa?
3 Perché Giorgio non ha sentito i ladri?
4 Da dove sono entrati i ladri?
5 Beatrice è assicurata contro i furti?
6 Perché Beatrice deve andare al commissariato?
7 Che reazione ha Giovanni quando viene a sapere del furto?
8 Quanti anni ha Vittorio?
9 Qual è la vera passione di Vittorio?
10 Dove vive Vittorio?

3 Rileggi il capitolo e indica quale di questi testi corrisponde al resoconto del custode.

1 ☐ I cani hanno abbaiato a lungo. Sono andato a vedere cosa succedeva, ma non ho notato nulla e sono tornato a letto. L'allarme non è scattato. Stamattina ho trovato la finestra del salotto aperta e ho visto che mancava l'argenteria.

2 ☐ I cani non hanno abbaiato e l'allarme non è scattato. Non ho sentito nulla. Stamattina ho trovato la finestra della cucina aperta, il vetro era rotto. Quando sono andato in salotto, ho visto che mancava l'argenteria.

3 ☐ I cani non hanno abbaiato, ma è scatto l'allarme. Mi sono alzato e ho notato che mancava l'argenteria.

Competenze linguistiche

1 Associa ogni pianta all'immagine corrispondente.

a La melissa   b Il timo   c La camomilla

d Il dragoncello   e Il rosmarino   f La salvia

1 ☐

2 ☐

3 ☐

4 ☐

5 ☐

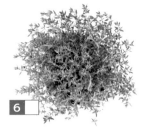
6 ☐

2 Associa ogni parola sottolineata al sinonimo corrispondente.

1 ☐ Abita una splendida <u>dimora</u> del Settecento.

2 ☐ Le occasioni di festeggiare si sono <u>diradate</u>.

3 ☐ I rapporti con suo marito si sono <u>deteriorati</u>.

4 ☐ Va al commissariato per <u>sporgere denuncia</u>.

5 ☐ Giovanni è spesso <u>in trasferta</u> per lavoro.

a ridotte

b accusare

c casa

d fuori città

e rovinati

3 Completa le parole.

1 Un M_ _ G_ _ _ D _ _ _

2 L'_ _ _ E _ _ _ R _ _

3 Una _ _ _ E _ _ _ N _ _

4 Le _ R _ _ _ I _ _ _

Produzione scritta e orale

1 Descrivi un luogo che ti piace molto dove vai appena puoi (seconda casa, casa di amici, città, parco, ecc.).

CELI 2

2 Qualcuno ti ha appena rubato il portafoglio sull'autobus e vai a sporgere denuncia. Immagina la conversazione con l'agente a cui fai l'elenco di tutto ciò che conteneva il portafoglio. Aiutati con le seguenti parole:

• Tessera di abbonamento (dell'autobus, del treno, ecc.), carta di identità, di credito, passaporto...;

• Soldi in contanti;

• Patente di guida.

Vi aspetto il 1° maggio a Villa dei Mughetti
per festeggiare il mio compleanno.
Con affetto
Beatrice

CAPITOLO 2

Gli ospiti

Quando Giovanni e Beatrice De Bianchi tornano dal commissariato, il tecnico, Guido Bazurro, ha già installato un nuovo allarme e spiega ai padroni di casa e a Giorgio come funziona.

— Questo allarme è più sofisticato del precedente. È molto sensibile e scatta quando qualcuno cerca di aprire una porta o una finestra. L'ho già messo in funzione. Mi raccomando, stanotte accertatevi di aver chiuso bene le persiane, perché sono previste forti raffiche di vento che potrebbero farlo scattare.

— La ringrazio, signor Bazurro. Ora mi sento al sicuro, dice Beatrice. È stato gentilissimo a venire subito.

— Si figuri, signora! Signor De Bianchi, le lascio questo foglio su cui è scritto il codice segreto. Potrà modificarlo quando vuole, è semplicissimo. Per qualsiasi dubbio, non esiti a chiamarmi!

— Speriamo che non ce ne sia bisogno..., dice Giovanni. Arrivederci!

Più tardi Giovanni e Beatrice si occupano della dichiarazione di furto per l'assicurazione.

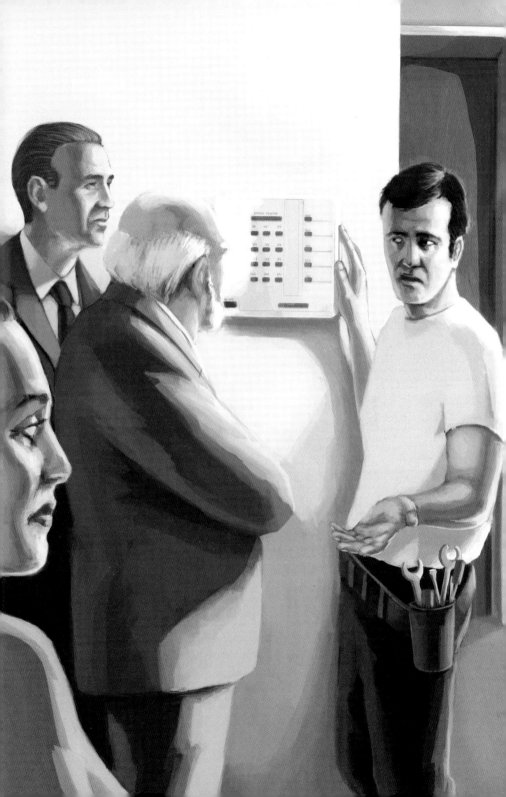

— Ho appena sentito il signor Palestro, dice Giovanni. Gli serve al più presto l'elenco degli oggetti rubati. Dice che è urgente, perché la cifra da rimborsare è piuttosto alta. Quanto sono diffidenti questi assicuratori! Sospettano sempre che si tratti di falsi furti!

— Non ti preoccupare, dice Beatrice, ho già preparato l'elenco. Lo stampo e te lo faccio vedere, così puoi verificare se non ho dimenticato nulla. Meno male che Vittorio ha fotografato l'argenteria l'anno scorso! E dire che secondo te era una perdita di tempo...

— È vero. Per una volta, aveva ragione lui...

— Domani devo spedire gli inviti per la festa. Mancano pochi giorni al mio compleanno!

— Tesoro, con questo furto, non abbiamo neanche avuto il tempo di parlare del tuo compleanno... Scusami... Allora, chi vuoi invitare?

Una volta Beatrice invitava una trentina di persone, ma ormai preferisce festeggiare il suo compleanno solo con la famiglia e gli amici più cari.

Vuole invitare Filippo Galliani, il socio di suo marito, e, ovviamente, la moglie Monica. Giovanni e Filippo sono comproprietari di una catena alberghiera. Ultimamente i loro rapporti sono un po' tesi a causa della cattiva gestione di Filippo e dei suoi errori di valutazione.

Inoltre, Filippo è ipocondriaco: crede sempre di essere ammalato e si lamenta in continuazione. Beatrice, però, apprezza molto la compagnia di sua moglie: le due donne si conoscono da diversi anni e condividono la stessa passione per la natura e la buona cucina.

— Perché vuoi invitare Filippo? domanda Giovanni, un po' scocciato. Sai bene che in questo momento faccio fatica a sopportarlo!

— Lo so, ma, per favore, fai uno sforzo! Filippo è il tuo socio e Monica è mia amica...

Alla fine Giovanni accetta: non riesce proprio a dire di no a sua moglie!

Beatrice ha invitato anche Maurizio Zanardi, suo cugino, che è appena tornato dal Canada, dove ha vissuto per dieci anni. Prima di partire era anche lui socio di Giovanni, ma poi ha lasciato tutto per una giovane canadese, di cui si era perdutamente innamorato. Purtroppo hanno divorziato da poco e, di conseguenza, lui ha deciso di tornare in Italia.

— Mi chiedo cosa combinerà in Italia, dice Giovanni con tono irritato. Tuo cugino porta solo guai...

In effetti la partenza di Maurizio aveva causato tanti problemi. Da un giorno all'altro Giovanni e Filippo si erano ritrovati con un socio in meno e con gravi problemi economici. Avevano persino rischiato il fallimento.

— So che ha i suoi difetti, dice Beatrice, ma è comunque mio cugino... Sono dieci anni che non lo vedo, mi sembra giusto invitarlo.

— E poi chi altro?

— Invito anche Barbara e Alessandro!

Barbara Rondani è la migliore amica di Beatrice: si conoscono fin dai tempi della scuola elementare. Da qualche anno Barbara abita a Bologna con il marito Alessandro, dietologo.

— Barbara? È così chiacchierona!

— Tesoro, se chiacchiera così tanto, è solo perché non ci vediamo spesso! Abbiamo così tante cose da raccontarci!

21

— E il marito, con le sue fissazioni sul cibo... Proprio non lo sopporto quello lì! esclama Giovanni. Comunque sono certo che andrà d'accordo con Filippo: un medico e un ipocondriaco... avranno sicuramente tante cose da raccontarsi! E poi?

— Credo che sia...

Beatrice non ha il tempo di finire la frase perché viene interrotta da un forte rumore che proviene dallo studio. Si precipita di corsa nella stanza... dove scopre che un grande specchio, a cui era molto affezionata, è appena caduto. Ci sono pezzi di vetro ovunque e la finestra è aperta.

— Non è possibile! Chi ha lasciato la finestra aperta? grida Beatrice. Con il furto della notte scorsa, dobbiamo stare molto attenti!

— L'ho aperta io poco fa, confessa Giovanni. Hai messo mazzi di mughetti ovunque!

— Per forza, sono i miei fiori preferiti!

— Lo so, ma io sono allergico al mughetto... Te n'eri dimenticata?

Beatrice non lo sta ascoltando. Tra i ladri, la perdita dell'argenteria, lo specchio, l'allarme...

Improvvisamente grida:

— Ma... non è scattato l'allarme! L'hai spento tu?

— No, io no! Giorgio e Arturo sono già andati a dormire da un po' e Maria è sicuramente incapace di spegnerlo. D'altronde, ci siamo anche raccomandati di non toccarlo. Non ci capisco più niente...

— Neppure io. Senti, andiamo a dormire. Sono stanca. La giornata è stata lunga e faticosa.

— Hai ragione, tesoro. Domani richiamerò Bazurro e mi sentirà!

Comprensione scritta e orale

1 Rileggi il capitolo e scegli l'alternativa corretta.

1   Il tecnico dice che il nuovo allarme è

   a ☐ meno sofisticato del precedente.

   b ☐ sofisticato come il precedente.

   c ☐ più sofisticato del precedente.

2   L'assicuratore chiede a Giovanni De Bianchi

   a ☐ la copia originale del contratto assicurativo.

   b ☐ l'elenco degli oggetti rubati.

   c ☐ la cifra da rimborsare.

3   Per il suo compleanno Beatrice vuole invitare

   a ☐ cinque persone.

   b ☐ dieci persone.

   c ☐ trenta persone.

4   Filippo Galliani è il

   a ☐ tecnico.

   b ☐ socio di Giovanni.

   c ☐ medico di Giovanni.

5   Maurizio, il cugino di Beatrice,

   a ☐ traslocherà a breve in Canada.

   b ☐ è appena tornato dal Canada.

   c ☐ ha appena cambiato lavoro.

6   Il dottor Rondani è

   a ☐ medico generico.

   b ☐ dentista.

   c ☐ dietologo.

7   Quando cade lo specchio,

   a ☐ non scatta l'allarme.

   b ☐ scatta l'allarme.

   c ☐ Maria spegne l'allarme.

CELI 2

2 Associa ogni inizio di frase alla sua conclusione.

1 ☐ Il tecnico spiega
2 ☐ Vittorio ha
3 ☐ Beatrice invita
4 ☐ Giovanni non va d'accordo
5 ☐ Beatrice e Monica
6 ☐ Maurizio ha causato
7 ☐ Barbara è
8 ☐ Giovanni lascia la finestra aperta

a   fotografato l'argenteria.
b   si conoscono da tanto tempo.
c   il funzionamento dell'allarme.
d   perché è allergico al mughetto.
e   la migliore amica di Beatrice.
f   poca gente al suo compleanno.
g   gravi problemi economici a Giovanni.
h   con Filippo.

3 Indovina quale personaggio si nasconde dietro ad ogni affermazione.

1   Crede sempre di essere ammalato.   ....
2   Ha vissuto per tanto tempo all'estero.   ....
3   È molto attento a quello che mangia.   ....
4   Adora la buona cucina.   ....
5   Le piacciono tanto i fiori, soprattutto il mughetto. ....
6   Chiacchiera molto.   ....

Grammatica

Il trapassato prossimo

Il trapassato prossimo è utilizzato per indicare l'anteriorità temporale di un evento rispetto a un momento passato.

Quando Maurizio era partito per il Canada, Giovanni e Filippo **avevano rischiato** *il fallimento.*

Il trapassato prossimo è un tempo composto che si forma con l'indicativo imperfetto dell'ausiliare **essere** o **avere** + il participio passato del verbo.

Da un giorno all'altro Giovanni e Filippo si **erano ritrovati** *con gravi problemi economici.*

1 Coniuga i verbi tra parentesi al trapassato prossimo.

1   Quando sono arrivati a teatro, lo spettacolo (*iniziare già*) ....

2   Quando era più giovane, Antonella (*comprare*) .... una casa in campagna.

3   Ha ritrovato il libro che (*perdere*) .... il mese scorso.

4   Hanno realizzato un bouquet con le dalie che (*raccogliere*) .... la sera prima.

5   Ho ricevuto il CD che (*ordinare*) .... su Internet la settimana scorsa.

6   Eleonora (*dimenticarsi*) .... che il marito fosse in trasferta.

7   La partenza di Luigi (*causare*) .... tanti problemi.

8   Quando Stefano è arrivato in aeroporto, l'aereo (*partire già*) ....

9   Matteo e Roberto (*venire*) .... con te a Londra?

Competenze linguistiche

1 Associa ogni parola alla definizione corrispondente.

1 ☐ Una chiacchierona   5 ☐ Le persiane
2 ☐ Un dietologo   6 ☐ Sofisticato
3 ☐ Un ipocondriaco   7 ☐ Un fallimento
4 ☐ Il comproprietario   8 ☐ Le raffiche

a Proteggono dal caldo, dalle intemperie e dagli sguardi indiscreti.

b Colui che possiede un oggetto o un'attività insieme a un'altra persona.

c Medico specialista in dietetica.

d Situazione economica che provoca la chiusura di un'attività.

e Persona che crede sempre di essere ammalata.

f Ce ne sono quando il vento è molto forte.

g Persona che parla molto.

h Si dice di qualcosa di molto perfezionato.

Produzione scritta e orale

1 Presenta il/la tuo(a) migliore amico(a). Descrivine il fisico e il carattere e parla dei suoi gusti.

CELI 2

2 Telefona a un(a) amico(a) per invitarlo/la al tuo compleanno e spiegargli/le alcuni particolari della festa che stai organizzando. Immagina la conversazione.

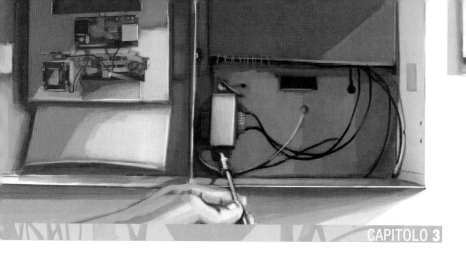

CAPITOLO 3

Altri problemi

Alla fine della mattinata il tecnico si presenta a *Villa dei*
Mughetti. Giovanni gli spiega che l'allarme, pur essendo in
funzione, non è scattato quando ha aperto la finestra dello
studio la sera prima.

— Giorgio, Maria e Arturo mi hanno assicurato di non aver
toccato nulla, conclude Giovanni.

— Non è andata via la corrente? chiede Bazurro.

— No, me ne sarei accorto! dice Giovanni, seccato. Ascolti,
chiacchierare non serve. Per cortesia, vada a vedere cos'è
successo. L'allarme è nuovo, deve funzionare!

Il tecnico torna dieci minuti dopo.

— Ho provato l'allarme più volte e funziona perfettamente.
Non capisco cosa sia successo. Forse qualcuno l'ha spento senza
volere. Non vedo proprio altre spiegazioni.

— Allora cambio immediatamente il codice segreto, dice
Giovanni. Anche se, a dire il vero, sono quasi certo che siano i
suoi allarmi a dare problemi. Comunque non la pagherò prima di
aver verificato che questo funzioni correttamente.

— Capisco, signor De Bianchi. Mi faccia sapere. Arrivederci.

Nei giorni successivi Beatrice è molto impegnata con i preparativi della festa per il suo compleanno e non parla più del furto e dell'allarme.

Le piacerebbe festeggiare in giardino, ma le previsioni meteorologiche non sono buone: annunciano persino qualche goccia di pioggia. Beatrice decide, quindi, di organizzare la festa nel grande salone che dà sulla terrazza. Così, se uscirà un raggio di sole, si potrà prendere l'aperitivo fuori.

Tutti gli ospiti hanno confermato la propria presenza e rimarranno per l'intero weekend.

Beatrice prepara il menù con Arturo: torta pasqualina come antipasto, trofie al pesto come primo, e, come secondo, fritto misto e acciughe impanate. Per finire, una crostata ai frutti di bosco e un pandolce genovese. Gli ospiti sono tutti dei buongustai e Beatrice non vuole deluderli. Ha anche preparato un menù dietetico per Alessandro: pesce al forno con verdure dell'orto. Ma niente dolce: peggio per lui!

— Maria, bisogna preparare le camere: passare l'aspirapolvere, pulire i vetri, fare i letti... tutto dev'essere perfetto! dice Beatrice.

— D'accordo, signora. E... ha deciso dove dormiranno gli ospiti?

— Sì: Filippo e Monica dormiranno nella camera verde, Alessandro e Barbara in quella blu, e mio cugino nella stanza gialla, in fondo al corridoio, perché odia essere disturbato quando riposa.

— È la camera che ha fatto isolare acusticamente per Suo figlio?

— Sì, l'ennesima spesa inutile... La passione di Vittorio per la batteria è durata solo due mesi.

— Verrà anche Suo figlio, signora?

— Purtroppo, Maria, non so risponderle. In ogni caso, spero proprio di sì.

— Devo preparare anche la sua camera?

— Sì, non si sa mai... A proposito, non dimentichi di mettere un bel mazzo di mughetti in ogni camera, mi raccomando! Ora la lascio lavorare, vado a vedere cosa fa mio...

Beatrice non ha il tempo di finire la frase: Giovanni è di fronte a lei, preoccupato.

— Cosa succede? chiede Beatrice. Sembri arrabbiato...

— Non hai toccato l'allarme, vero?

— Certo che no! Perché?

— Perché ero andato ad accenderlo e quando sono arrivato, la scatola era aperta e i fili erano scollegati.

— Bazurro aveva ragione: l'allarme funziona e questo, evidentemente, disturba qualcuno.

— Ma chi? Giorgio era con me e Arturo è andato a fare la spesa...

— Non ci capisco nulla... Abbiamo già subito un furto! Perché sabotare l'allarme adesso?

— Bisognerebbe chiamare la polizia, dice Maria.

— La polizia? Sta scherzando! esclama Beatrice. Se scopre che l'allarme non funziona e lo dice all'assicurazione, rischiamo di non essere rimborsati!

— Hai ragione, dice Giovanni. Chiamo prima Bazurro per parlarne con lui.

Beatrice esce di casa e va a fare una passeggiata per rilassarsi. Quando torna ha in mano un bel mazzo di mughetti...

"Ah, cosa sarebbe questa casa senza i mughetti?" si chiede.

30

Comprensione scritta e orale

CELI 2

1 Rileggi il capitolo e scegli l'alternativa corretta.

1   a   ☐   Secondo il tecnico l'allarme non è scattato a causa di un guasto all'impianto elettrico.

     b   ☐   Il tecnico pensa che qualcuno abbia spento l'allarme senza farlo apposta.

2   a   ☐   Giovanni decide di cambiare il codice segreto.

     b   ☐   Giovanni decide di sostituire il sistema d'allarme.

3   a   ☐   Secondo le previsioni il tempo migliorerà e la festa si svolgerà nel parco della villa.

     b   ☐   Visto il rischio di pioggia, la festa si svolgerà all'interno.

4   a   ☐   Beatrice si occupa del menù con Arturo.

     b   ☐   Maria deve occuparsi del menù.

5   a   ☐   Giovanni vuole un menù dietetico.

     b   ☐   Beatrice prevede un menù dietetico per Alessandro.

6   a   ☐   Beatrice spera che Vittorio venga alla festa e chiede a Maria di preparare la sua camera.

     b   ☐   Beatrice dice a Maria di non preparare la camera di Vittorio perché sa che non verrà.

7   a   ☐   Maria deve togliere tutti i mazzi di mughetti dalle camere.

     b   ☐   Maria deve mettere un mazzo di mughetti in ogni camera.

8   a   ☐   Giovanni apre la scatola dell'allarme e trova i fili scollegati.

     b   ☐   Giovanni trova la scatola dell'allarme aperta e i fili scollegati.

9   a   ☐   Beatrice esce di casa e va fare una passeggiata per rilassarsi.

     b   ☐   Beatrice chiama la polizia per avvertire che qualcuno ha sabotato l'allarme.

2 Rispondi alle domande.

1 Perché Giovanni è arrabbiato con il tecnico?
2 Qual è il menù del pranzo della festa?
3 Dove dormono gli ospiti?
4 Perché Beatrice aveva fatto insonorizzare una camera?
5 Perché Beatrice non vuole chiamare la polizia?

Grammatica

L'imperativo

L'imperativo viene usato per esprimere un ordine, un'esortazione, un invito o un divieto. Ha solo il tempo presente e, in senso stretto, tre forme: la seconda persona singolare e la prima e la seconda persona plurale. Esiste, inoltre, l'imperativo alla terza persona, usato nella forma di cortesia, che prende in prestito le sue forme dal congiuntivo presente.

	Tu	Noi	Voi	Lei
Essere	Sii!	Siamo!	Siate!	Sia!
Avere	Abbi!	Abbiamo!	Abbiate!	Abbia!
Parlare	Parla!	Parliamo!	Parlate!	Parli!
Leggere	Leggi!	Leggiamo!	Leggete!	Legga!
Partire	Parti!	Partiamo!	Partite!	Parta!
Andare	Va'! Vai!	Andiamo!	Andate!	Vada!
Fare	Fa'! Fai!	Facciamo!	Fate!	Faccia!
Sapere	Sappi!	Sappiamo!	Sappiate!	Sappia!
Volere	Vuoi!	Vogliamo!	Vogliate!	Voglia!

Ascolti, chiacchierare non serve.

Vada a vedere cos'è successo.

Mi faccia sapere.

1 Coniuga i verbi tra parentesi all'imperativo.

1 (*Sapere* — tu) .... che puoi contare su di me!

2 (*Fare* — noi) .... un regalo all'insegnante!

3 (*Essere* — Lei) .... in orario, mi raccomando!

4 (*Avere* — voi) .... fiducia in me!

5 (*Leggere* — Lei) .... questo testo per cortesia!

6 (*Andare* — tu) .... a trovare la nonna!

7 Su, (*partire* — noi) ....!

8 (*Avere* — tu) .... cura di te!

Competenze linguistiche

1 Associa ogni inizio di frase alla sua conclusione.

1 ☐ Quando va via la corrente,   a ho tante cose da fare.

2 ☐ L'allarme scatta   b bisogna passarle nel pangrattato.

3 ☐ Quando sono impegnato,   c pulire diversi tipi di superfici.

4 ☐ Per fare le acciughe impanate d non c'è più elettricità.

5 ☐ L'aspirapolvere permette di e danneggiarlo intenzionalmente.

6 ☐ Sabotare un allarme significa f quando entra in funzione.

2 Ascolta la registrazione e ricostruisci i proverbi.

1 ☐ Rosso di sera,   a la pioggia s'avvicina.

2 ☐ Rosso di mattina,   b acqua diluviante.

3 ☐ Quando la rana canta,   c per molto non dura.

4 ☐ Luna cerchiata,   d buon tempo si spera.

5 ☐ Tramontana scura,   e il tempio cambia.

6 ☐ Vento da levante,   f campagna bagnata.

3 Associa ogni pesce o frutto di mare all'immagine corrispondente.

a Un'aragosta   c Un'acciuga   e Un riccio di mare
b Una cozza   d Un'ostrica   f Una sogliola

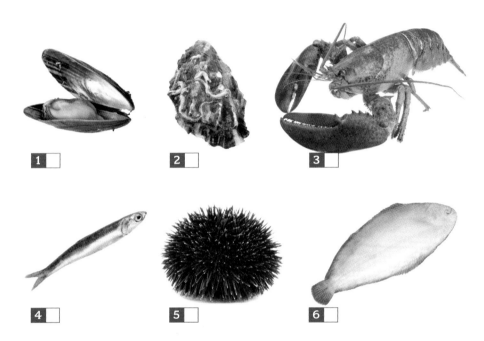

1 ☐   2 ☐   3 ☐

4 ☐   5 ☐   6 ☐

Produzione scritta e orale

1 Stai organizzando una festa per il tuo compleanno. Scrivi il menù che ti piacerebbe preparare.

CELI 2

2 Il tuo computer non funziona e chiami un tecnico per fissare un appuntamento. Immagina la conversazione telefonica.

CAPITOLO 4

Un ottimo pranzo

Due giorni dopo i De Bianchi ricevono la visita del signor
Palestro, l'assicuratore. È venuto per constatare l'effrazione e
verificare l'allarme che Bazurro ha nuovamente aggiustato. Poi
stima il valore dell'argenteria che Beatrice aveva fatto
assicurare qualche tempo prima: la cifra è davvero notevole.

Gli ospiti arrivano alla fine della mattinata. Manca solo
Vittorio... Giorgio si occupa dei bagagli, mentre Maria
accompagna ognuno nella propria camera.

L'aperitivo è un'ottima occasione per permettere agli ospiti di
fare conoscenza. È anche la situazione adatta per rallegrare un
po' l'atmosfera...

— Allora, Beatrice, cos'è successo? Siete stati vittime di un furto?
chiede Barbara. Giovanni ci ha appena raccontato ciò che è accaduto...

— Oh, Barbara, è proprio un dramma... I ladri sono entrati da
una finestra e hanno rubato tutta l'argenteria che avevo
ereditato da mio nonno. È successo la sera prima del mio arrivo.
Ero così felice di essere arrivata a *Villa dei Mughetti*! La notizia
mi ha davvero sconvolto!

Villa dei Mughetti

— Immagino…, aggiunge Monica. Subire un furto deve essere scioccante…

— Sì, è proprio così. Dai, non pensiamoci più e divertiamoci… Siete qui per questo, no? Venite, vi presento Maurizio, mio cugino. È appena tornato dal Canada dove ha vissuto per più di dieci anni.

— Dal Canada? Che fortuna! esclama Barbara.

— Maurizio, ti presento Barbara, la mia migliore amica, e Alessandro, suo marito.

— Piacere, molto lieto!

— Ti ricordi di Filippo e di Monica, vero?

— Certo che mi ricordo di loro. Allora, vecchio mio, come va? Non sei cambiato per niente! E tu, Monica, sempre così affascinante…

— Filippo, ti presento il dottor Rondani, dice Beatrice. Non ricordo se vi siete già incontrati due anni fa…

— No, ma mi avevi consigliato di andare da lui per la mia ulcera [1]. Purtroppo non mi sono mai deciso a prendere un appuntamento anche perché, come sai, mi fido molto del dottor Rossi. Mi segue da anni ed è davvero competente. D'altronde, l'ultima volta, non me ne…

— Maurizio, perché non ci racconti un po' del Canada, interviene Giovanni per evitare di ascoltare il racconto delle numerosissime malattie di Filippo.

— Con piacere, caro Giovanni. Potrei parlarvene per ore… Il Canada è un paese davvero splendido e i Canadesi hanno un modo di vivere molto diverso dal nostro. Sapete che esiste una città sotterranea a Montreal?

---

1. **Un'ulcera**: lesione della pelle o delle mucose.

Ma Beatrice interviene a sua volta:

— Un aperitivo, Maurizio?

— Certo! Che domanda! risponde con un sorriso.

— Alessandro, servo qualcosa anche a te?

— Sì, grazie. Prendo un succo di frutta.

Beatrice serve da bere ad Alessandro, poi va da suo cugino.

— Ecco il tuo bicchiere, Maurizio.

— Ti ringrazio, Beatrice.

— Vieni, andiamo a chiacchierare con Barbara, sono sicura che non vede l'ora di farti tante domande. Sai, è appassionata del Canada.

Mentre Beatrice e suo cugino si avvicinano a Barbara, Alessandro, geloso, dice a sua moglie, con tono irritato:

— Barbara, cosa stai facendo? Vieni?

Beatrice fa del suo meglio per rendere la festa piacevole: serve da bere, chiacchiera con tutti e soprattutto con Filippo che se ne sta un po' in disparte. Non sembra per niente a suo agio. Riesce solo a fare qualche domanda ad Alessandro, il quale, però, non lo prende troppo sul serio.

Qualche minuto dopo si mettono a tavola. Arturo porta l'antipasto, il primo, poi il secondo. Gli ospiti hanno trovato il pranzo squisito. Beatrice, che ha cucinato tutto, è molto fiera del risultato.

Al momento del dolce Maria spegne le luci affinché la padrona di casa possa soffiare le candeline. È un gesto simbolico che Beatrice ripete ogni anno e al quale è molto affezionata.

Vittorio non è venuto e non ha neanche chiamato sua madre per farle gli auguri. Beatrice, delusa, cerca di non pensarci troppo.

— Complimenti alla cuoca! esclama Alessandro sorridendo. Il mio menù speciale era eccellente!

— Mi associo. Era un pranzo da leccarsi i baffi! aggiunge Monica.

L'unico a non fare commenti è Maurizio. Non ha preso il dolce ed è pallido.

— Maurizio, stai bene? chiede Giovanni. C'è qualcosa che non va?

— A dire la verità, non mi sento tanto bene...

— Vuoi qualcosa per digerire? Ti faccio una tisana? chiede Beatrice.

— No, grazie, passerà. Sono solo un po' stanco, sai, non ho dormito molto in questi ultimi tempi.

— Sei proprio sicuro di non voler niente? Posso chiedere a Maria di...

— No, davvero, non ti preoccupare. Vado in camera a riposarmi un po' e andrà tutto bene.

— D'accordo, ma mi raccomando, chiamami se ti serve qualcosa.

— Ti ringrazio.

Appena Maurizio è andato via, Barbara si gira verso Beatrice e le dice:

— Tuo cugino ha semplicemente bevuto troppo. Non si è mai mosso dal tavolo durante l'aperitivo. Secondo me non ha neanche bevuto un sorso d'acqua in tutto il pranzo... È una cosa proprio triste...

— Non gli hai tolto gli occhi di dosso [2], dice Alessandro a sua moglie. È un alcolista, e vorresti compiangerlo!

Per evitare che la discussione si trasformi in lite, Beatrice propone agli amici di prendere il caffè in salotto.

---

2. **Non togliere gli occhi di dosso**: guardare continuamente.

Comprensione scritta e orale

1 Rileggi il capitolo e indica se le seguenti affermazioni sono vere (V) o false (F).

		V	F
1	Giovanni si interessa della salute di Filippo.	☐	☐
2	Maurizio dice che il Canada è un paese straordinario.	☐	☐
3	Alessandro beve un whisky all'aperitivo.	☐	☐
4	Filippo è veramente a suo agio fra gli ospiti.	☐	☐
5	Beatrice adora soffiare le candeline.	☐	☐
6	Gli ospiti si complimentano con Beatrice per l'ottimo pranzo.	☐	☐
7	Maurizio ha mangiato troppi dolci.	☐	☐
8	Vittorio è arrivato in orario al pranzo.	☐	☐
9	Maurizio beve una tisana prima di andare a dormire.	☐	☐
10	Alessandro pensa che Maurizio sia un alcolista.	☐	☐

2 Ascolta la registrazione del capitolo e riordina le frasi seguendo l'ordine cronologico dei fatti.

a ☐ Gli ospiti bevono un aperitivo.

b ☐ Maurizio si sente poco bene.

c ☐ L'assicuratore arriva per constatare l'effrazione e verificare l'allarme.

d ☐ Gi ospiti arrivano alla fine della mattinata.

e ☐ Gli ospiti fanno le congratulazioni a Beatrice per il pranzo.

f ☐ Maurizio va in camera sua.

g ☐ Beatrice racconta a Barbara la faccenda del furto.

h ☐ Beatrice presenta Maurizio ai suoi amici.

i ☐ Alessandro è geloso.

Grammatica

Il congiuntivo presente

Il congiuntivo viene usato per esprimere un dubbio, per indicare un fatto necessario, auspicabile, possibile... ma non reale.

*Maria spegne le luci affinché la padrona di casa **possa** spegnere le candeline.*

*Per evitare che la discussione **si trasformi** in lite...*

	Verbi in -*are*	Verbi in -*ere*	Verbi in -*ire*
Che io	parli	legga	parta
Che tu	parli	legga	parta
Che egli	parli	legga	parta
Che noi	parliamo	leggiamo	partiamo
Che voi	parliate	leggiate	partiate
Che essi	parlino	leggano	partano

	Essere	Avere	Andare	Dare	Potere
Che io	sia	abbia	vada	dia	possa
Che tu	sia	abbia	vada	dia	possa
Che egli	sia	abbia	vada	dia	possa
Che noi	siamo	abbiamo	andiamo	diamo	possiamo
Che voi	siate	abbiate	andiate	diate	possiate
Che essi	siano	abbiano	vadano	diano	possano

L'uso del congiuntivo è obbligatorio nelle proposizioni subordinate introdotte da:

a un verbo di opinione: **credere, dire, pensare, supporre, trovare, cercare**...

b un verbo che indica un sentimento, un dubbio, un timore: **dispiacere, piacere, sperare, temere, dubitare**...

c un verbo che indica una volontà o un desiderio: **volere, esigere, pretendere, augurare, pregare, desiderare, chiedere**...

1 Coniuga i verbi tra parentesi al congiuntivo presente.

1 Spero che tu (*essere*) .... contento di venire con te.
2 Bisogna che essi (*andare*) .... subito all'ospedale.
3 Voglio che Marta (*leggere*) .... questo articolo.
4 Vieni a trovarci prima che (*partire* - noi) ....
5 Mi dispiace che voi non gli (*dare*) .... ragione.
6 È inutile che voi (*venire*) ....
7 Dubita che i suoi genitori (*potere*) .... comprare una macchina nuova.
8 Temo che voi non (*avere*) .... superato l'esame.
9 Trovo che (*dare* - noi) .... troppa importanza alla bellezza.
10 Spero che tu (*potere*) .... venire alla festa che organizzo.

Competenze linguistiche

1 Cerca nel testo un sinonimo delle parole sottolineate.

1 La cifra da rimborsare è <u>realmente</u> notevole.
2 L'assicuratore <u>valuta</u> il valore dell'argenteria rubata.
3 Il pranzo era <u>squisito</u>.
4 Filippo non chiacchiera con gli altri ospiti, se ne sta <u>da parte</u>.

Produzione scritta e orale

1 Racconta l'ultimo viaggio che hai fatto: dove sei stato(a)? Quando? Con chi? Per quanto tempo sei stato(a) via? Che cosa ti è piaciuto? Che cosa non ti è piaciuto?

CELI 2

2 Hai organizzato una festa con degli amici. Presenta loro un cugino americano che è venuto a trovarti per due settimane.

A tavola...

Ubicata fra il mar Ligure e i monti (Alpi e Appennini), la Liguria offre una cucina gustosa, varia e del tutto particolare, che utilizza molti prodotti della terra e del mare. Il clima molto temperato e le piogge abbondanti rendono questa regione particolarmente fertile e favoriscono la crescita rigogliosa di numerosissime erbe domestiche e selvatiche, quali rosmarino, maggiorana, timo, salvia e basilico, che sono alla base di numerosi piatti tipici. I Liguri usano poco la carne suina e bovina, visto che non esistono in Liguria ampie pianure dove allevare bestiame.

Il pesto

Il pesto genovese è uno dei condimenti più famosi in Italia e nel mondo. Usato per accompagnare numerosi tipi di pasta, quali le trenette, gli gnocchi di patate o le trofie di Recco, è anche adoperato nel minestrone alla genovese e nelle lasagne al forno, una variante gustosa del classico piatto emiliano. Si ottiene pestando il basilico con l'aglio, i pinoli, l'olio extravergine d'oliva, il sale e aggiungendo due formaggi: il parmigiano grattugiato e il pecorino sardo. Secondo la tradizione, deve essere preparato in un mortaio di marmo con un pestello di legno.

La torta pasqualina

Piatto simbolo della cucina ligure, la torta pasqualina ha origini molto antiche: in effetti, veniva preparata già all'inizio del Quattrocento durante le feste di Pasqua, da cui prende il nome. Si tratta di una torta salata molto elaborata, composta da sottilissime sfoglie di pasta (33, secondo la tradizione, in memoria degli anni di Gesù) riempite con erbette (bietole, spinaci e borragine [1]), ricotta e uova. Viene consumata calda o fredda.

La cima genovese

La cima genovese è un piatto composto da una pancia di vitello ripiena di carne, verdure, uova, aglio, pinoli, formaggio, senza dimenticare ovviamente la maggiorana, uno dei suoi ingredienti principali. La preparazione è molto difficile: richiede tempo e, soprattutto, molta abilità. Un famosissimo cantautore genovese, Fabrizio De André, ha dedicato una canzone a questa gustosa specialità.

---

1. **La borragine:** pianta erbacea con grandi foglie rugose commestibili e fiori turchini.

La farinata

La farinata è una specie di schiacciata particolarmente morbida, preparata con farina di ceci, acqua, sale e olio extravergine di oliva. Di origini molto antiche, era usata soprattutto come alternativa al pane. Viene solitamente stesa in grandi teglie di rame e cotta nel forno a legna.

Il cappon magro

Il cappon magro, cucinato prevalentemente nel periodo natalizio, è una delle specialità più ricche, colorate e gustose della gastronomia ligure. Si tratta di un piatto composto da gallette del marinaio, pesce, crostacei, verdure (carote, sedano, cavolfiore, fagiolini...) e salsa verde. È una pietanza molto elaborata che richiede un tempo di preparazione estremamente lungo.

La focaccia

La focaccia alla genovese è una specie di pane piatto condito con abbondante olio extravergine di oliva e sale grosso. La si consuma a colazione – i Genovesi la inzuppano nel caffelatte – e come aperitivo o antipasto, con un bel bicchiere di vino bianco. Esistono tante varianti alla ricetta classica. Le più conosciute sono la focaccia con le cipolle e la focaccia col formaggio, meglio conosciuta come focaccia di Recco.

Comprensione scritta

1 Rileggi attentamente il dossier e indica se le seguenti affermazioni sono vere (V) o false (F).

		V	F
1	Il clima della Liguria favorisce la crescita di numerose erbe domestiche.	☐	☐
2	Numerosi piatti tipici della Liguria sono composti da carne suina e bovina.	☐	☐
3	Il pesto viene utilizzato per accompagnare la carne.	☐	☐
4	La maggiorana è l'ingrediente principale del pesto.	☐	☐
5	La torta pasqualina è farcita di erbette.	☐	☐
6	La cima genovese è un piatto a base di pesce.	☐	☐
7	La torta pasqualina è composta da sfoglie di pasta molto sottili.	☐	☐
8	Un cantautore genovese ha dedicato una canzone alla farinata.	☐	☐
9	La farinata è preparata con la farina di ceci.	☐	☐
10	Oggi, il cappon magro si cucina a Pasqua.	☐	☐
11	La focaccia non viene mai mangiata a colazione.	☐	☐
12	La focaccia di Recco è preparata con il formaggio.	☐	☐

2 Ascolta la registrazione e completa le ricette con le dosi o gli ingredienti corretti.

Pesto alla genovese

2 dl di ....

.... di foglie di

....

.... di pinoli

30 g di .... grattugiato

.... di pecorino

....

1 pizzico di ....

e sale ....

Focaccia

.... di farina di grano

30 g di ....

.... di olio extravergine d'oliva

2 cucchiaini di ....

2,5 dl di ....

Farinata

400 g di ....

.... di acqua tiepida

.... di olio extravergine d'oliva

1 cucchiaino di ....

1 pizzico di ....

CAPITOLO 5

L'ospite inatteso

Gli ospiti chiacchierano nel salone per buona parte del pomeriggio. Più tardi ognuno va in camera a riposare un po'. Maria li accompagna e ne approfitta per andare a vedere se il signor Zanardi sta meglio. Quest'ultimo non si è mosso dal letto e le chiede di portargli una tisana.

Qualche minuto dopo Beatrice bussa alla porta della camera del cugino.

— Allora, Maurizio, ti senti un po' meglio?

— Purtroppo no. Ho ancora nausea e mi gira la testa. Spero di non aver rovinato la tua festa di compleanno. Sono sicuro che l'ottimo pranzo che ci hai preparato non c'entra nulla col mio mal di stomaco.

— Non ti preoccupare. Intanto, bevi questa tisana al rosmarino, aiuta la digestione.

— Grazie, sei proprio gentile.

— Vuoi che chieda ad Alessandro di visitarti?

— No, ti ringrazio, penso che passerà. Adesso cerco di dormire un po'.

— È una buona idea, riposati, ne hai bisogno. Ripasserò più tardi.

Beatrice scende al pianterreno e aiuta Maria a riordinare il salone e ad organizzare la cena. Giovanni le raggiunge e chiede alla moglie notizie di Maurizio.

— Ha sempre nausea, ma gli ho portato una tisana al rosmarino... Dovrebbe star meglio, assicura Beatrice.

— Lo sapevo che non bisognava invitarlo, dice Giovanni. Con lui non si sa mai che cosa può succedere.

— Ascolta, tesoro, smettila con questa storia, ne abbiamo già parlato...

L'arrivo di Monica interrompe la conversazione.

— Sta meglio tuo cugino? chiede Monica. Perché anche Filippo non sta tanto bene.

— È una maledizione! esclama Beatrice. Non capisco, tutti i prodotti erano freschissimi...

— Io sono in gran forma! interviene Barbara. Ah, gli uomini, tutti gli stessi... pensano di essere forti come rocce [1], ma in realtà sono più deboli di noi! Facciamo una partita a carte?

— Ottima idea! dice Beatrice. Una partita di bridge ci aiuterà a distrarci. Giovanni, puoi andare a vedere se Maurizio ha bisogno di qualcosa?

Quando Giovanni torna, ha cattive notizie. Maurizio sta proprio male: ha i brividi e ha sempre forti dolori allo stomaco.

— Sarà meglio chiamare il medico di guardia, propone Giovanni.

— Parliamone prima ad Alessandro. Abbiamo un medico in casa, sarebbe proprio un peccato non approfittarne. Se non può far nulla, chiameremo il medico di guardia.

---

1. **Forte come una roccia**: molto forte.

Come al solito, Giovanni accetta la proposta della moglie.

Qualche minuto dopo Beatrice bussa alla porta della camera di Alessandro.

— Alessandro, scusami se ti disturbo, ma potresti, per cortesia, andare a visitare Maurizio?

— Certo! Mi serve solo la borsa che ho lasciato in macchina. Vado subito a prenderla...

Alessandro è appena uscito quando arriva Vittorio.

— Guarda un po' chi si vede! gli dice il padre. Potevi almeno pranzare con noi! Ti ricordo che oggi è il compleanno di tua madre.

— Ciao, papà... Sarei arrivato in tempo, ma ho avuto problemi con la macchina.

— Con me non funziona! Trova un'altra scusa!

— Ma è la verità! Te lo giuro! Il meccanico l'ha aggiustata, ma ho dovuto aspettare tre ore all'officina.

— Potevi almeno chiamare per avvisarci... Dai, vai a salutare tua madre. Sarà contenta di vederti.

— Senti, ho incrociato Alessandro che usciva di casa. Se ne va? chiede Vittorio.

— No, è andato a prendere la borsa per visitare Maurizio che si è sentito male a fine pasto.

— Ah... lo vedo già: un medico mediocre che cura un truffatore! Secondo me finge di essere ammalato per chiedere un risarcimento...

— Dai, finiscila con queste storie! Gli ospiti potrebbero sentirti.

— Tuo padre ha ragione, replica Beatrice che è appena arrivata.

— Ciao, mamma... Sai perfettamente che non ho mai sopportato Maurizio sin da quando ero piccolo! Mente in continuazione!

— Magari è cambiato…, dice Beatrice. È ancora scioccato dal divorzio e ha bisogno del sostegno della famiglia.

— Ma cosa dici? Se hai sempre detestato Maurizio anche tu!

— Ascolta, è acqua passata. In ogni caso, eri troppo piccolo per capire…

Beatrice chiacchiera un po' con Vittorio. È contenta che sia arrivato, ma avrebbe preferito vederlo anche a pranzo. Non è mai riuscita a instaurare un rapporto di complicità con il figlio e ne soffre.

Nel frattempo Alessandro visita Maurizio. Dice che è solo un virus. Maurizio, molto probabilmente, è un alcolista, perciò è debole di stomaco e di fegato [2]. Alessandro gli dà una pastiglia per la nausea e gli dice di non mangiare nulla fino all'indomani.

La serata si svolge piacevolmente. Gli ospiti sono rilassati e, dopo cena, ascoltano musica, chiacchierano e giocano a bridge. Vittorio fa uno sforzo: non esce e partecipa persino alle conversazioni.

Un po' più tardi Beatrice va a vedere come sta il cugino. Quando torna nel salone Alessandro le chiede se la pastiglia ha fatto effetto.

— Penso di sì, risponde Beatrice. Si è addormentato, è buon segno, no?

— Sì, risponde Alessandro. Vedrai, domani starà molto meglio, e potrà venire con noi a fare una bella passeggiata.

Verso le undici ognuno va nella propria camera. Cala la notte su *Villa dei Mughetti*…

---

2. **Debole di stomaco e fegato**: avere lo stomaco e il fegato delicati.

Comprensione scritta e orale

CELI 2

1 Ascolta la registrazione del capitolo e scegli l'alternativa corretta.

1 a ☐ Dopo pranzo gli ospiti giocano a carte e rimangono l'intero pomeriggio nel salone.

  b ☐ Dopo pranzo gli ospiti chiacchierano nel salone e vanno poi a riposare in camera.

2 a ☐ Beatrice porta una tisana a Maurizio.

  b ☐ Maria porta un tazza di tè a Maurizio.

3 a ☐ Nel corso del pomeriggio Maurizio si sente sempre più male. Beatrice chiede ad Alessandro di visitarlo.

  b ☐ Beatrice chiama il medico di guardia perché Maurizio si sente sempre più male.

4 a ☐ Vittorio arriva in ritardo perché era impegnato con le prove a teatro.

  b ☐ Vittorio arriva in ritardo perché ha avuto problemi con la macchina.

5 a ☐ Secondo Alessandro Maurizio ha un virus.

  b ☐ Secondo Alessandro Maurizio è vittima di una intossicazione alimentare.

6 a ☐ Gli ospiti passano un'ottima serata.

  b ☐ Gli ospiti passano una brutta serata: sono tutti ammalati.

2 Rileggi il capitolo e rispondi alle domande.

1 Chi si sente male, oltre a Maurizio?

2 Che sintomi ha Maurizio?

3 Che cosa rimprovera Giovanni a suo figlio?

4 Cosa pensa Vittorio di Alessandro e di Maurizio?

Grammatica

Il condizionale

Il condizionale serve per suggerire o chiedere gentilmente qualcosa, dare un consiglio, esprimere un desiderio o un rimpianto. Viene anche usato per esprimere un'azione futura rispetto a un tempo passato.

Dovrebbe *star meglio.*

Sarebbe *proprio un peccato non approfittarne.*

Potresti *andare a visitare Maurizio?*

Il condizionale presente dei verbi regolari si forma secondo questo schema.

	Verbi in -*are*	Verbi in -*ere*	Verbi in -*ire*
Io	parl**erei**	prend**erei**	part**irei**
Tu	parl**eresti**	prend**eresti**	part**iresti**
Lui	parl**erebbe**	prend**erebbe**	part**irebbe**
Noi	parl**eremmo**	prend**eremmo**	part**iremmo**
Voi	parl**ereste**	prend**ereste**	part**ireste**
Loro	parl**erebbero**	prend**erebbero**	part**irebbero**

I verbi irregolari presentano variazioni analoghe a quelle del futuro.

Essere: io sarei, tu saresti...

Avere: io avrei, tu avresti...

Andare: io andrei, tu andresti...

Dovere: io dovrei, tu dovresti...

Fare: io farei, tu faresti...

Potere: io potrei, tu potresti...

Venire: io verrei, tu verresti...

Volere: io vorrei, tu vorresti...

Il condizionale passato si forma con l'ausiliare **essere** o **avere** al condizionale presente seguito dal participio passato del verbo.

Sarei arrivato *in tempo, ma ho avuto problemi.*

Beatrice **avrebbe preferito** *vedere suo figlio a pranzo.*

Attenzione! Bisogna accordare il participio passato con il soggetto se l'ausiliare è il verbo **essere**.

1 Coniuga i verbi tra parentesi al condizionale presente.

1 (*Potere* — loro) .... partire per le ferie ad agosto.

2 (*Finire* — tu) .... l'esercizio al posto suo?

3 Marco (*dovere*) .... prendere un pastiglia per il mal di testa.

4 Stasera (*andare* — io) .... volentieri al cinema.

5 (*Volere* — noi) .... organizzare una festa per il suo compleanno.

6 (*Fare* — voi) .... bene a rispondere al professore.

2 Coniuga i verbi tra parentesi al condizionale passato. Attenzione all'accordo del participio passato!

1 Enrica e Francesca (*essere*) .... amiche.

2 Andrea e Giovanni (*dovere*) .... prendere un bicchiere d'acqua.

3 Monica e Stefania (*arrivare*) .... in ritardo senza il tuo aiuto.

4 Valeria (*venire*) .... con noi alla festa.

5 Voi (*spendere*) .... tutti i vostri soldi.

6 Federico e Diego (*arrivare*) .... prima di cena.

Competenze linguistiche

1 Completa le parole aiutandoti con le definizioni.

1 P _ _ _ T _ R _ E _ O: piano di casa a livello del suolo stradale.

2 _ E _ I _ _ D I G _ _ _ _ _ A: medico di turno.

3 O F _ _ _ _ _ _: locale dove si riparano autoveicoli, motocicli, ecc.

4 _ _ _ E S _ _ _ _ _: atto, effetto del digerire.

5 B _ _ _ _ D _: tremore involontario e convulsivo con sensazione di freddo.

6 T R U _ _ _ T O _ _: persona che inganna qualcuno.

7 R _ _ _ _ C I _ _ _ T O: compenso che si ottiene dopo essere stati vittime di un danno materiale o morale.

8 _ A _ S _ _: voglia di vomitare.

2 Ascolta la registrazione e associa ogni espressione al significato corrispondente.

1 ☐	Acqua passata.	a	Fare o dire qualcosa di ovvio.
2 ☐	Fare un buco nell'acqua.	b	Essere in grave difficoltà.
3 ☐	Avere l'acqua alla gola.	c	Agire di nascosto.
4 ☐	Trovarsi in cattive acque.	d	Storia passata da tanto tempo.
5 ☐	Gettare acqua sul fuoco.	e	Non ottenere alcun risultato.
6 ☐	Scoprire l'acqua calda.	f	Essere a disagio.
7 ☐	Essere come un pesce fuor d'acqua.	g	Essere nei guai.
8 ☐	Lavorare sott'acqua.	h	Sdrammatizzare una situazione.

3 Associa ogni parola all'immagine corrispondente.

a Un salotto

b Un corridoio

c Una cucina

d Una camera da letto

1 ☐   2 ☐   3 ☐   4 ☐

Produzione scritta e orale

CELI 2

1 Scrivi una e-mail a un(a) amico(a) per raccontargli(le) la festa di compleanno che hai organizzato sabato scorso.

CELI 2

2 Devi andare al cinema con un(a) amico(a) ma non ti senti molto bene. Decidi, perciò, di annullare e gli(le) spieghi perché.

CAPITOLO 6

Una strana telefonata

Per tutta la notte si sentono forti raffiche di vento. Gli ospiti  fanno fatica ad addormentarsi.

Le persiane sono chiuse, ma Giovanni pensa che l'allarme potrebbe comunque scattare per colpa del vento. Perciò si alza per spegnerlo. Purtroppo, una volta sveglio, non riesce più a riaddormentarsi.

Filippo, che si sentiva un po' meglio durante la serata, ha un incubo e si sveglia bruscamente. Quando accende la lampada sul comodino, sua moglie non c'è...

Anche Beatrice si sveglia in piena notte e il fischio del vento tra le persiane le impedisce di riaddormentarsi. Decide allora di prepararsi una camomilla. Prima di scendere in cucina, passa davanti alla camera del cugino e socchiude discretamente la porta. La luce è spenta e Maurizio è sdraiato su un fianco, sembra dormire profondamente. Beatrice richiude la porta e si avvicina alla scala. A un tratto, nell'oscurità, sente una mano gelida sul braccio e si volta di soprassalto.

— Monica! Ma cosa fai qui da sola al buio?

— Filippo non riesce a dormire. Mi sono detta che una tisana gli farebbe bene.

— Mi hai spaventato! Sai, da quando sono venuti i ladri, ho paura. Poi, con l'allarme che funziona solo una volta su tre, temevo che...

— Mi spiace, dice Monica, non volevo spaventarti. Non ho acceso la luce per non svegliare nessuno. E tu cosa ci fai in piedi a quest'ora?

— Con questo vento non riesco a dormire neanch'io. Vieni, andiamo in cucina.

Barbara e Alessandro si svegliano anche loro più volte durante la notte. A un certo punto credono persino di sentire delle voci in camera di Maurizio, ma poi si convincono che sia stato il rumore del vento. Alessandro ritiene di aver fatto il proprio dovere e che ora tocchi a Beatrice occuparsi del cugino. Alla fine riescono ad addormentarsi.

Il vento si placa verso le cinque del mattino. Un'ora dopo si alza il sole e inizia la giornata di Maria: fa un po' di pulizie e prepara la colazione per gli ospiti.

Quando sale al primo piano per svegliare la signora De Bianchi, Maria si accorge che la porta del signor Zanardi è leggermente aperta. Curiosa, si avvicina... Il malato non è più a letto, ma steso per terra, vicino alla porta; sembra essere incosciente. Spaventata, Maria si precipita nel corridoio per avvisare i padroni di casa.

— Aiuto! Aiuto! Signora, venga! Suo cugino ha avuto un malore!

Beatrice e Giovanni si alzano immediatamente. Entrano di corsa nella camera di Maurizio e cercano di svegliarlo, ma non

c'è niente da fare: è proprio svenuto. Svegliato dalle grida di Maria, anche Alessandro si precipita nella camera del signor Zanardi.

— Non c'è un minuto da perdere! dice. Bisogna chiamare il 118 al più presto!

— D'accordo, dice Giovanni, impaurito. Telefono immediatamente!

L'ambulanza arriva quaranta minuti dopo.

— Come mai ci avete messo così tanto per arrivare? urla Alessandro. Abbiamo chiamato più di mezz'ora fa e sapevate che il paziente era molto grave!

— Mi dispiace, ma c'era un incidente e la polizia aveva interrotto la circolazione, risponde il medico. Abbiamo dovuto cambiare strada. Inoltre, l'autista era in stato di ebbrezza. I poliziotti ci hanno chiesto di portarlo all'ospedale, ma abbiamo detto loro che avevamo un'emergenza.

Purtroppo, qualche minuto dopo, il medico del 118 constata il decesso di Maurizio. Apparentemente è morto per una crisi cardiaca.

Quando vengono a saperlo, gli ospiti sono sconvolti. Beatrice sta male: Alessandro le propone un calmante, ma lei rifiuta.

Il medico del 118 è nella camera quando, improvvisamente, squilla un telefonino. Senza riflettere, il medico lo prende e risponde. Sente la voce di un uomo.

— Pronto? Maurizio, sei tu? Cos'è successo?

— No, non sono Maurizio, sono il signor Landucci, il medico...

— Medico? Ma dov'è Maurizio? Sta bene? Mi ha chiamato nel cuore della notte, parlava a fatica e non capivo cosa mi stesse dicendo. Ho provato a richiamarlo più volte, ma non ha più risposto.

60

— Che cosa le ha detto esattamente?

— Gliel'ho detto, purtroppo non si capiva nulla... Parlava di un veleno, o qualcosa del genere, ma...

— È proprio sicuro di quello che sta dicendo?

— Sì, ma mi può dire cosa succede, per favore?

— Ascolti, mi spiace davvero, ma il signor Zanardi è morto. La prego di tenere acceso il telefonino. La polizia la ricontatterà al più presto: forse Lei è testimone di un omicidio.

— Cosa????

Il medico non sente la domanda perché ha già riagganciato. Chiama la polizia, poi raggiunge i padroni di casa nel salone.

— Ho appena chiamato la polizia, annuncia. Dovrebbe arrivare fra poco con il medico legale.

— La polizia? Il medico legale? Perché? chiede Beatrice in tono drammatico.

— Forse non stiamo parlando di morte naturale..., risponde il medico.

— Ma cosa sta dicendo? grida Beatrice. Non è possibile! Voglio vederlo!

— Mi spiace, ma nessuno può entrare nella camera prima dell'arrivo della polizia. E nessuno può lasciare la casa. È un ordine!

Il medico è molto determinato e Beatrice non insiste. Si alza e va in cucina a preparare il caffè per gli ospiti...

Comprensione scritta e orale

1 Rileggi il capitolo e indica se le seguenti affermazioni sono vere (V) o false (F). Correggi quelle false.

                                               V F

1 Gli ospiti fanno fatica ad addormentarsi a causa del vento. ☐ ☐

2 Beatrice si alza per spegnere l'allarme. ☐ ☐

3 Filippo ha un incubo. ☐ ☐

4 Quando Beatrice va a vedere Maurizio, lo trova sveglio. ☐ ☐

5 Scendendo le scale, Beatrice si accorge di non essere sola. ☐ ☐

6 Alessandro e Barbara sentono Beatrice e Giovanni litigare. ☐ ☐

7 L'indomani mattina Maria si accorge che la porta della camera di Maurizio è aperta. ☐ ☐

8 Maurizio è steso per terra e chiede a Maria di aiutarlo ad alzarsi. ☐ ☐

9 L'ambulanza arriva quaranta minuti dopo. ☐ ☐

10 Secondo il medico Maurizio è stato probabilmente assassinato. ☐ ☐

2 Rileggi il capitolo e indica il nome della persona che ha compiuto ognuna delle seguenti azioni.

1 Avverte immediatamente i padroni di casa. ....

2 Si innervosisce con il medico. ....

3 Prepara una tisana per il marito. ....

4 Telefona alla polizia. ....

5 Prepara la colazione. ....

6 Risponde al telefono. ....

Grammatica

I pronomi personali doppi

Si parla di pronomi personali doppi quando si ha l'unione tra un pronome personale complemento oggetto e un pronome personale complemento indiretto.

Gliel'ho detto.

I pronomi personali complemento indiretto della forma debole, tranne *loro*, cambiano quando precedono i pronomi complemento oggetto *lo, la, le, li*: la *i* si trasforma in *e* davanti al pronome. *Glie* e *le* hanno la stessa forma: *glie-*.

	lo	la	li	le	ne
mi	me lo	me la	me li	me le	me ne
ti	te lo	te la	te li	te le	te ne
gli	glielo	gliela	glieli	gliele	gliene
le					
ci	ce lo	ce la	ce li	ce le	ce ne
vi	ve lo	ve la	ve li	ve le	ve ne

I pronomi personali doppi si mettono prima del verbo se questo è all'indicativo, al congiuntivo o al condizionale, e dopo il verbo se questo è all'infinito, all'imperativo o al gerundio.

Attenzione! **Glielo** e **gliela** diventano **gliel'** quando sono seguiti dal verbo **avere**.

1 Completa le frasi con dei pronomi personali doppi.

1 Devi restituirmi il libro che ti ho prestato. Restituisci................ .

2 Il bibliotecario chiede il dizionario che hai preso. Porta................ .

3 Non sappiamo ancora se vengono. .... diranno domani.

4 Non riesco a leggere questa lettera. Leggi................ .

5 Mi presti un po' di soldi? .... rendo domattina.

6 La professoressa aspetta il tuo compito. Porta................ subito!

7 Perché non hai parlato dei tuoi disturbi al medico? Dovevi parlar................ .

8 Hai torto a non pensare all'avvenire. Dovresti preoccupar................ .

9 Il viaggio che hai fatto ci interessa. Descrivi................ .

10 Ogni settimana porta dei fiori alla moglie. .... porta ogni sabato.

11 Non voglio venire con te. .... ho già detto.

12 Non siete abbastanza pronti. .... rendete conto?

Competenze linguistiche

1 Associa ogni parola alla definizione corrispondente.

1	☐ Socchiudere.	a	Perdere i sensi.
2	☐ Di soprassalto.	b	Sotto l'influenza dell'alcol.
3	☐ Placarsi.	c	Malessere fisico improvviso.
4	☐ In stato di ebbrezza.	d	Diventare calmo e tranquillo.
5	☐ Riagganciare.	e	Con un movimento brusco e improvviso.
6	☐ Un malore.	f	Privo di luce, non illuminato.
7	☐ Svenire.	g	Porre fine ad una conversazione telefonica.
8	☐ Buio.	h	Chiudere non completamente.

2 Completa le parole.

1 Le _ _ _ S _ A _ _

2 La _ A _ _ A _ _

3 Il C _ _ _ D _ _ _

4 La S _ _ _ _

3 Completa le frasi con i verbi dati.

> accende   avvicina   chiudere   risponde   scattare
> socchiude   spegne   squilla

1 Bisogna .... le persiane per non far .... l'allarme.
2 Beatrice .... la porta della camera e si .... alla scala.
3 Giovanni .... l'allarme, mentre Filippo .... la lampada.
4 Quando .... il telefonino di Maurizio, il medico del 118 ....

Produzione scritta e orale

1 Ti è già successo di avere molta paura? Racconta in che circostanze.

2 Un tuo parente non sta bene. Chiama il medico per chiedergli di venire a visitarlo.

CAPITOLO 7

Inizia l'indagine...

Il commissario Sabbatini arriva poco dopo. Si intrattiene[1] con il  medico che gli racconta tutto ciò che è successo da quando è arrivato a *Villa dei Mughetti*.

Il commissario prende il telefonino della vittima per controllare le chiamate effettuate e ricevute: Zanardi ha chiamato un numero durante la notte e ha ricevuto parecchie chiamate da questo stesso numero. L'ultima risale a quella mattina, come gli ha raccontato il medico del 118.

Dopo aver esaminato il cadavere, anche il medico legale conclude che Maurizio Zanardi è morto per una crisi cardiaca. Il commissario manda allora il cadavere all'obitorio per far eseguire l'autopsia e gli esami tossicologici[2]. Poi chiama il misterioso sconosciuto che aveva sentito Zanardi al telefonino, gli spiega brevemente la situazione e gli chiede di recarsi urgentemente al commissariato. Non vuole trarre conclusioni affrettate, ma la morte di Zanardi lo insospettisce molto.

1. **Intrattenersi:** trascorrere il proprio tempo con qualcuno.
2. **Un esame tossicologico:** esame che scopre eventuali tracce di veleno.

La vittima è morta da due ore, quando il commissario sottopone a un primo interrogatorio tutte le persone presenti a *Villa dei Mughetti*.

— Allora, avete notato qualcosa di sospetto? chiede il commissario.

Purtroppo nessuno ha notato nulla. Gli ospiti raccontano al commissario che la vittima ha iniziato a sentirsi male verso la fine del pranzo e che tutti, incluso il dottor Rondani che l'aveva visitato, avevano pensato a una semplice indigestione. In effetti, Maurizio aveva mangiato parecchio e, soprattutto, bevuto molto.

— Che rapporto avevate con la vittima? chiede il commissario a Giovanni e Beatrice De Bianchi.

— Era mio cugino, risponde Beatrice. Era appena tornato dal Canada. Non lo vedevo da dieci anni.

— Andavate d'accordo?

— Sì... Abbastanza..., dice Giovanni.

— Che cosa intende per "abbastanza", signor De Bianchi?

— Siamo stati soci per diversi anni. Poi, un giorno, Maurizio ha lasciato tutto per andare in Canada, senza avvertire nessuno... Ovviamente abbiamo avuto qualche problema...

— Problemi economici?

— Sì, esattamente.

— E oggi?

— Oggi, per fortuna, abbiamo risalito la china, conclude Giovanni.

— Avete subito un furto la settimana scorsa, vero? Hanno rubato dell'argenteria di valore, me lo conferma?

— Sì. Ma cosa c'entra questo con la morte di mio cugino? chiede Beatrice.

— Non lo so... Ma quando la polizia è chiamata due volte di

seguito nella stessa casa nel giro di qualche giorno, si tratta raramente di una coincidenza... Lei diceva di aver risalito la china, vero, signor De Bianchi?

— Sì, gliel'ho già detto, dice Giovanni. Mi scusi, ma perché questa domanda?

— Semplicemente perché corre voce che questa tenuta sia in vendita...

— In vendita? chiede Giovanni, sorpreso.

— È il vostro assicuratore, il signor Palestro, che me l'ha detto. A proposito, abbiamo arrestato un uomo che guidava in stato di ebbrezza e nel suo bagagliaio abbiamo trovato dell'argenteria...

— Dell'argenteria! esclama Beatrice. Ma...

— Apparentemente lui non sapeva di avere quell'argenteria nel bagagliaio! dice il commissario ridendo. Non si preoccupi, signora De Bianchi, faremo tutte le verifiche necessarie per sapere se è la vostra.

Poi il commissario interroga Filippo Galliani. Anche lui dice di essere stato socio di Maurizio dieci anni prima e conferma tutto ciò che ha detto Giovanni.

Barbara e Alessandro raccontano che questa era la prima volta che vedevano il signor Zanardi. Ne avevano già sentito parlare, ma non l'avevano mai incontrato.

— Abbiamo fatto la sua conoscenza ieri, non è vero, tesoro? dice Alessandro, rivolgendosi alla moglie.

— Sì, proprio così...

— Non mi ci è voluto molto a capire che era un alcolista donnaiolo! aggiunge Alessandro.

— Lei è medico, vero? chiede il commissario.

— Faccio il dietologo. Ho visitato il signor Zanardi nel pomeriggio e gli ho dato una pastiglia per la nausea. Non sembrava grave!

Il commissario interroga Vittorio per ultimo. Lui dice di essere arrivato nel pomeriggio, quando Maurizio era già a letto. I due non si sono neanche incontrati.

— Chi è entrato in camera della vittima, eccetto il dottor Rondani? chiede Sabbatini.

— Io, ovviamente, dice Beatrice. Sono andata a trovarlo più volte per vedere come stava. Poi c'è stata anche Maria stamattina...

— È Maria che l'ha trovato privo di sensi, vero?

— Sì, interviene Giovanni. Ma, secondo Lei, dovevamo lasciarlo solo e non andarlo a trovare? Perché tutte queste domande? Mi può spiegare, per cortesia, cosa le fa pensare che Maurizio non sia morto per cause naturali?

— Giovanni, stai calmo, per favore, dice Beatrice. Vedrai, andrà tutto bene...

La suoneria del telefonino di Sabbatini interrompe l'interrogatorio.

— Pronto? Sì, sono io. È appena arrivato? D'accordo, vengo subito. Devo tornare al commissariato. Mi spiace, ma sono costretto a chiedervi di rimanere in casa. Un agente sorveglierà la camera del signor Zanardi. Tornerò al più presto.

Strada facendo Sabbatini raccoglie le idee. Il furto avvenuto la settimana prima gli era sembrato strano: l'assicuratore era andato al commissariato per dire che probabilmente si trattava di una simulazione. Stando a quanto si dice, i De Bianchi hanno difficoltà economiche... Potevano effettivamente simulare un furto per incassare i soldi dell'assicurazione.

"L'arresto dell'uomo con l'argenteria nel bagagliaio risolverebbe il caso, pensa il commissario. Ma rimane la morte del cugino... Credo proprio che le due faccende siano collegate tra loro..."

Comprensione scritta e orale

CELI 2

1 Ascolta la registrazione del capitolo e scegli l'alternativa corretta.

1 a ☐ Maurizio ha chiamato parecchi numeri durante la notte.

   b ☐ Maurizio ha ricevuto parecchie chiamate dallo stesso numero.

2 a ☐ Secondo il medico legale la vittima è morta per una crisi cardiaca.

   b ☐ Il medico legale pensa che la vittima sia stata assassinata.

3 a ☐ Giovanni confessa al commissario di avere attualmente problemi economici.

   b ☐ Giovanni è sorpreso quando scopre che la tenuta è in vendita.

4 a ☐ Il commissario pensa che la faccenda del furto non c'entri con il decesso di Zanardi.

   b ☐ Secondo il commissario il furto e il decesso di Zanardi sono sicuramente collegati tra loro.

5 a ☐ Il commissario afferma che l'argenteria trovata nel bagagliaio di una macchina appartiene a Beatrice.

   b ☐ Il commissario informa i De Bianchi che la polizia ha appena arrestato un uomo in stato di ebbrezza.

6 a ☐ Alessandro dice di conoscere molto bene Maurizio.

   b ☐ Alessandro afferma di non aver mai visto Maurizio.

7 a ☐ Maria ha trovato Maurizio privo di sensi.

   b ☐ Beatrice ha trovato suo cugino privo di sensi.

8 a ☐ Il commissario fa sorvegliare la camera di Maurizio.

   b ☐ Il commissario chiede agli ospiti di lasciare la casa al più presto.

Grammatica

La forma di cortesia

La forma di cortesia viene usata con persone che non si conoscono, con le persone di una certa età e in tutte le situazioni formali (con i pubblici funzionari, con il personale di servizio di un ristorante, ecc.).

In italiano, per rivolgersi a qualcuno (di genere maschile o femminile) con rispetto, si usa il pronome di terza persona singolare **Lei** (*dare del Lei*), che può anche essere scritto con la prima lettera maiuscola. Perciò si utilizza il verbo alla terza persona singolare.

	Soggetto	Complemento	
		diretto	La
Singolare	Lei	indiretto	Le
		indiretto	Loro

Lei *diceva di aver risalito la china, signor De Bianchi?*

Lei *è medico, vero?*

All'imperativo si usa la terza persona singolare del congiuntivo presente.

Non **si preoccupi**, *signora De Bianchi.*

1 Trasforma le frasi usando la forma di cortesia.

1 Come ti chiami? ....
2 Perché non parli? ....
3 Cosa ne pensi? ....
4 Mangia un po' di formaggio. ....
5 Potresti farlo tu? ....
6 Ti ho prenotato una camera col terrazzo. ....
7 Te lo dirò domattina. ....
8 Prendi questo foglio! ....

Competenze linguistiche

1 Riordina le parole delle definizioni.

1 *Obitorio*: i cadaveri / dove / conservano / locale / si.
....

2 *Autopsia*: si effettua / esame / un cadavere / su / che.
....

3 *Insospettire*: sospetti / nascere / far.
....

4 *Risalire la china*: una situazione / una crisi / tornare ad / dopo / normale.
....

5 *Alcolista*: abitualmente / che consuma / di alcol / persona / quantità eccessive.
....

6 *Donnaiolo*: insistentemente / persona / le donne / che corteggia.
....

7 *Pastiglia*: composto da / disco / medicinali / piccolo / sostanze.
....

8 *Indigestione*: digestione / acuto / della / disturbo.
....

Produzione scritta e orale

CELI 2

1 Scrivi una lettera a un(a) amico(a) per raccontargli(le) che hai appena vinto un soggiorno per due persone in montagna. Raccontagli(le) cos'hai fatto quando hai saputo della notizia.

CELI 2

2 Sai che un amico non ha notizie di una ragazza che gli piace molto e che non osa invitarla ad uscire con lui. Incontri la ragazza per caso e lei ti chiede proprio notizie di questo amico! Gli telefoni per raccontargli cosa è appena successo.

▶▶▶ PROGETTO **INTERNET** ◀◀◀

L'olio extravergine di oliva

Vai sul sito www.blackcat-cideb.com. Scrivi il titolo o parte del titolo nella barra di ricerca, poi seleziona il titolo. Nella pagina di presentazione del libro clicca sul nome del progetto Internet per accedere ai link.

A Clicca su "Caratteristiche" e rispondi alle domande.
- ▶ Quali sono le tre principali categorie di olio?
- ▶ Che vitamine contiene l'olio extravergine di oliva?
- ▶ L'uso di olio extravergine di oliva aiuta a prevenire alcune malattie. Quali?

B Clicca su "Tipi di olive" e rispondi alle domande.
- ▶ Dove si coltivano le olive "Casaliva", "Mansino" e "Saracena"?
- ▶ Indica tre varietà di olive coltivate in Liguria.

C Clicca su "Toscana", poi su "Olio toscano" e rispondi alle seguenti domande.
- ▶ A che epoca è stata introdotta la coltivazione delle olive in Toscana?
- ▶ Indica quattro varietà di olive coltivate in Toscana.
- ▶ Quali sono le varietà di olive utilizzate per realizzare un olio extravergine di oliva con la menzione geografica "Colline della Lunigiana"?
- ▶ Che colore e che sapore ha l'olio extravergine di oliva che porta la menzione geografica "Monti pisani"?

CAPITOLO 8

Amici d'infanzia

Il commissario Sabbatini arriva nel suo ufficio, dove lo attende l'uomo che nella notte aveva sentito il signor Zanardi ancora vivo.

— Buongiorno. Il Suo nome, per cortesia.

— Mi chiamo Giacomo Bertazzi.

— E cosa fa nella vita, signor Bertazzi?

— Sono titolare di un'impresa di import-export, lavoro soprattutto con il Canada.

— Con il Canada? È per questo che conosceva il signor Zanardi?

— No, aveva lavorato per me qualche mese quando si era trasferito in Canada, ma ci conoscevamo sin dall'infanzia. Siamo amici, così siamo sempre rimasti in contatto. Anche se, ultimamente, dopo il divorzio, le chiamate si erano fatte sempre più rare... Non l'avevo ancora visto da quando era tornato in Italia. E ora vengo a sapere che è morto...

— Secondo Lei, perché il signor Zanardi l'ha chiamata? Se stava morendo, avrebbe dovuto chiamare il pronto soccorso, non trova?

— Non lo so, commissario... Forse ha sbagliato numero.

— Sì, può essere... Che cosa le ha detto esattamente?

— Sembrava molto confuso, parlava a fatica. Non ho capito nulla. Ho solo sentito le parole "veleno" e "morire", ma non ne sono sicuro...

— E Lei cosa gli ha risposto?

— Gli ho detto chi ero e che non capivo le sue parole. Ma sembrava non sentirmi, stava quasi delirando. Poi, nel bel mezzo di una frase, ha riagganciato.

— Molto probabilmente in quel momento è svenuto. Signor Bertazzi, il Suo numero di telefono è il 3284503247, me lo può confermare, per cortesia?

— Sì, è proprio il numero del mio telefonino.

— Le chiedo di rimanere a nostra disposizione e di non allontanarsi per qualche giorno. Se ricorda altri particolari, mi chiami immediatamente!

— D'accordo. Posso andare? Ho un appuntamento importante tra mezz'ora...

— Certamente. La chiamerò se necessario.

Dopo l'interrogatorio, Sabbatini riflette. Deve risolvere questo crimine... o magari si tratta solo di un infarto...

L'arrivo di un poliziotto interrompe i suoi pensieri.

— Commissario, ho appena ricevuto un fax con il tabulato delle chiamate effettuate dal telefonino della vittima.

— Grazie, Tommaso, vediamo un po'... La sera prima del decesso, la vittima non ha effettuato nessuna chiamata. Ha solo chiamato Bertazzi una volta prima di morire. La prima chiamata di Bertazzi è stata effettuata alle quattro e un quarto, quindi ha detto la verità. Ma perché Zanardi l'ha chiamato? Soprattutto se

sentiva che stava morendo... Ha sicuramente sbagliato numero. E questa storia del veleno... Chi aveva interesse ad avvelenarlo?

Qualche minuto dopo il commissario riceve i risultati degli esami tossicologici: il decesso è dovuto a un avvelenamento. Sabbatini è proprio stupito quando scopre il tipo di veleno utilizzato. Senza la chiamata di Bertazzi, nessuno avrebbe mai pensato a un omicidio.

"Ma perché assassinare Zanardi? si chiede Sabbatini. L'eredità? Secondo i primi risultati dell'indagine, la vittima non possedeva né beni né denaro. In passato aveva fatto investimenti disastrosi in Borsa e aveva perso tutti i suoi risparmi e gran parte dei beni che aveva ereditato... Quanto meno questo è ciò che la sua ex moglie ha appena dichiarato alla polizia canadese. Un omicidio passionale? Forse, chissà..."

— Commissario, interviene Tommaso, ora sappiamo a chi appartiene l'argenteria ritrovata nel bagagliaio: alla signora De Bianchi.

— Chi guidava la macchina?

— Guido Bazurro... il tecnico che ha installato l'allarme in casa De Bianchi! Ha confessato tutto. È stato lui a rubare l'argenteria nella villa. Ma non è finita... Da diversi anni aveva una relazione con la signora De Bianchi. È stata lei a chiedergli di simulare il furto perché aveva molti debiti.

— E suo marito? chiede il commissario.

— Apparentemente non è al corrente di nulla.

— Perfetto. Facciamo solo qualche verifica per concludere la faccenda!

Comprensione scritta e orale

1 Ascolta la registrazione e riordina le frasi seguendo l'ordine cronologico dei fatti.

a ☐ Il commissario riceve i risultati degli esami tossicologici.

b ☐ Il commissario viene a sapere che l'autista della macchina era Guido Bazurro, il tecnico.

c ☐ Il commissario interroga il signor Bertazzi.

d ☐ Il commissario scopre che è stato Bazurro a rubare l'argenteria nella villa.

e ☐ Un agente dà al commissario il tabulato delle chiamate effettuate dal telefonino della vittima.

f ☐ Bertazzi afferma di non capire perché il signor Zanardi lo abbia chiamato.

g ☐ Il commissario viene a sapere che l'argenteria trovata nel bagagliaio di Bazurro appartiene a Beatrice De Bianchi.

h ☐ Il commissario chiede al signor Bertazzi di rimanere a disposizione della polizia.

CELI 2

2 Associa ogni risposta alla domanda corrispondente.

1 ☐ Buongiorno. Il Suo nome per cortesia.

2 ☐ E cosa ne pensa il signor De Bianchi?

3 ☐ Cosa fa nella vita, signore?

4 ☐ È per questo che conosceva Maurizio?

5 ☐ E Lei cosa gli ha risposto?

6 ☐ Posso andare? Ho un appuntamento tra mezz'ora.

7 ☐ Chi guidava la macchina?

8 ☐ Il Suo numero di telefono è il 3284503247?

a Certamente. La chiamerò se necessario.

b Sì, è proprio il mio.

c Guido Bazurro, il tecnico dell'allarme.

d Gli ho detto chi ero e che non capivo le sue parole.

e No, ci conosciamo sin dall'infanzia.

f Mi chiamo Giacomo Bertazzi.

g Apparentemente non è al corrente di nulla.

h Sono il titolare di un'impresa di import-export.

Grammatica

Il futuro

Il futuro serve ad indicare un fatto che accadrà in un momento futuro rispetto al momento in cui si parla.

*La **chiamerò** se necessario.*

	Verbi in -*are*	**Verbi in -*ere***	**Verbi in -*ire***
Io	parl**erò**	prend**erò**	part**irò**
Tu	parl**erai**	prend**erai**	part**irai**
Lui	parl**erà**	prend**erà**	part**irà**
Noi	parl**eremo**	prend**eremo**	part**iremo**
Voi	parl**erete**	prend**erete**	part**irete**
Loro	parl**eranno**	prend**eranno**	par,t**iranno**

I verbi irregolari presentano alcune modifiche della radice.

Essere: io sarò, tu sarai...   *Fare: io farò, tu farai...*

Avere: io avrò, tu avrai...   *Potere: Io potrò, tu potrai...*

Andare: io andrò, tu andrai...   *Venire: io verrò, tu verrai...*

Dovere: io dovrò, tu dovrai...   *Volere: io vorrò, tu vorrai...*

1 Volgi le frasi al futuro.

1   Stefania va al commissariato per sporgere denuncia.

....

2   Prendiamo il treno per andare a Sanremo.

....

3   Devono andare all'estero per lavoro.

....

4   Sono felice di organizzare una festa per il mio compleanno.

....

5   Avete tutto il tempo che vi serve per andare in stazione.

....

6   Puoi occuparti di comprare il regalo per Debora?

....

7   Possiamo venire con te al cinema?

....

8   Dovete partire presto per andare all'appuntamento.

....

9   Andiamo a Firenze per le ferie.

....

10   Abbiamo tante cose da preparare prima di partire.

....

11   Anche Stefania e Marco vogliono andare a Londra.

....

12   Clara è felice di partecipare allo spettacolo della scuola.

....

Competenze linguistiche

1 Completa la griglia di parole crociate aiutandoti con le definizioni.

Verticali

1 Uccidere con il veleno.
2 Incontro stabilito.
3 Denaro messo da parte.

Orizzontali

4 Patrimonio lasciato da un defunto.

5 Tabella con i dati stampata con il computer.
6 Nei mezzi di trasporto, vano per i bagagli.
7 Morte.
8 Uccisione di una o più persone.

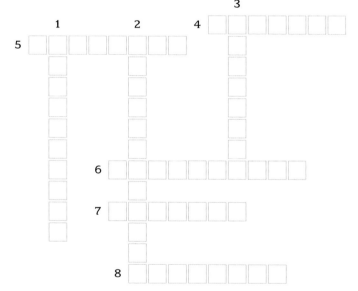

Produzione scritta e orale

CELI 2

1 Scrivi una e-mail a un(a) amico(a) per raccontargli(le) l'ultimo film poliziesco che hai visto.

CELI 2

2 Vuoi iscriverti in una palestra. Telefoni per chiedere informazioni (costi, orari, tipi di abbonamento, tipi di corsi, ecc.).

PROGETTO **INTERNET**

Santa Margherita Ligure

Vai sul sito www.blackcat-cideb.com. Scrivi il titolo o parte del titolo nella barra di ricerca, poi seleziona il titolo. Nella pagina di presentazione del libro, clicca sul nome del progetto Internet per accedere ai link.

A Clicca su "Informazioni" e rispondi alle domande.
- ▶ Qual è il codice postale?
- ▶ A quanti chilometri si trova La Spezia?
- ▶ Qual è il numero telefonico del comune?

B Clicca su "Ristoranti" e rispondi alle domande.
- ▶ In che ristorante puoi trovare un ambiente giovane e simpatico?
- ▶ Vuoi cenare di fronte al mare. In che locale devi andare?
- ▶ Chi gestisce il ristorante Spinnaker?

C Clicca su "Hotels" e rispondi alle domande.
- ▶ Quante camere offre l'hotel San Giorgio di Portofino?
- ▶ Sei alla ricerca di una soluzione "mezza pensione". Quale hotel devi scegliere?
- ▶ Che attività propone l'hotel Laurin?

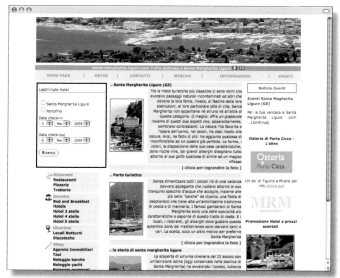

CAPITOLO 9

Un mazzo di mughetti

Non c'è due senza tre [1]! Un po' più tardi Tommaso porta una lettera al commissario. È anonima, ma il messaggio è molto chiaro:

"In passato Barbara e la vittima hanno avuto una relazione. Facevano finta di non conoscersi per evitare problemi... Alessandro lo sa ed è follemente geloso... Non cercate più il colpevole, l'avete trovato."

L'indomani Sabbatini interroga Bazurro, che conferma la sua confessione. Poi il commissario verifica il patrimonio di Beatrice De Bianchi: è piena di debiti! Non solo ha speso tutto quello che possedeva, ma ha anche preso in prestito molto denaro a tassi di interesse particolarmente alti. Ha dato parecchi soldi al figlio ma, soprattutto, ha perso molto in Borsa. Ormai non riesce più a rimborsare i debiti... È per questo che ha messo in vendita la tenuta presso un'agenzia immobiliare, senza avvisare il marito.

"Adesso la faccenda del furto è proprio chiusa!" pensa il commissario.

---

1. **Non c'è due senza tre**: una cosa già accaduta due volte accadrà per forza una terza volta.

Ma prima di arrestare la signora De Bianchi per frode, deve risolvere il caso d'omicidio. L'istinto gli dice che la lettera anonima è una falsa traccia. La manda quindi a far esaminare.

— Commissario, commissario! Abbiamo trovato il colpevole! grida Tommaso dal corridoio.

— In che senso?

— Abbiamo esaminato il telefonino della vittima per verificare le impronte digitali. Lei non mi crederà mai, ma...

— Ci sono quelle dell'assassino?

— No... meglio: la confessione dell'assassino! La vittima, infatti, ha registrato il dialogo avuto con l'omicida... E adesso sappiamo anche perché Zanardi ha chiamato Bertazzi. In realtà ha voluto chiamare il 118, ma ha premuto troppo a lungo il tasto 1!

— E allora?

— Era il tasto di chiamata diretta che corrisponde al numero di Bertazzi!

— D'accordo, Tommaso, ma non ho ancora capito chi è il colpevole...

— Ecco, commissario...

Dieci minuti dopo Sabbatini è in macchina in direzione di *Villa dei Mughetti*. È piuttosto fiero di sé... Due casi risolti in meno di due giorni! Che colpo, sei mesi prima di andare in pensione!

Quando arriva alla villa sono presenti tutte le persone sospettate. Le convoca nel salone e decide di far durare un po' la suspense... Comincia con Barbara Rondani.

— Lei mi aveva detto di non conoscere la vittima, vero?

— Sì... Cioè, non prima di questo weekend, risponde Barbara, arrossendo.

— Che strano! Ho qui una lettera anonima che afferma che Lei lo conosceva bene, anzi molto bene...

— Ma cosa sta dicendo? Non è vero!

— Lo sapevo! interviene Alessandro, furibondo. Si vedeva dal modo in cui ti guardava e ti parlava! Io...

— L'hai ucciso tu! grida Barbara.

— Certo che no! Sono geloso, ma non sono un assassino!

— Basta così! interviene il commissario. Lasciatemi continuare, per favore...

Si volta verso Beatrice.

— Ha scritto Lei questa lettera, vero?

— No, affatto! Perché avrei fatto una cosa simile?

— Per sviare² i sospetti, signora De Bianchi...

Tutti gli sguardi si dirigono verso Beatrice. Lei vuole rispondere al commissario, ma lui riprende:

— Lei ama i mughetti, non è così?

— Mi scusi?

— Ci sono mazzi di mughetti ovunque in casa. Suppongo, quindi, che le piaccia questo fiore.

— In effetti è il mio fiore preferito, ma non vedo...

— Lei è anche appassionata di botanica, vero?

— Non capisco il suo ragionamento, commissario Sabbatini. Sta annoiando tutti con queste domande assurde.

— Ha ragione. Mi permetta, quindi, di dare qualche spiegazione ai suoi amici. Il mughetto è un fiore bellissimo, ma anche... un veleno mortale! Avete potuto constatare i suoi effetti sul signor Zanardi: dolori addominali, nausea, vertigini... e poi la morte, causata da crisi cardiaca.

— Ma non sapevo che fosse un veleno mortale! grida Beatrice. E poi... perché avrei ucciso mio cugino?

— Ce lo spiega proprio Lei in questa registrazione, dice il commissario. Ascoltate...

2. **Sviare**: deviare verso una direzione.

"...

— Ma perché?????

— Perché? Pensavi che ti avrei perdonato di aver costretto il nonno a modificare il testamento [3]? Ti ha dato tutto! I terreni e tutte le proprietà, tranne *Villa dei Mughetti*, che mi ha gentilmente lasciato! Sono fallita, Maurizio, e non ho più nulla da perdere! Il mal di stomaco era solo l'inizio... Fai fatica a respirare, vero? Fra qualche istante il cuore comincerà a battere sempre più velocemente e per finire... una crisi cardiaca!

— Ma come... come hai fatto?

— È molto semplice... Il mughetto... un po' d'acqua del vaso nel tuo bicchiere all'aperiti..."

Il commissario interrompe la registrazione.

— Credo che sia proprio inutile ascoltare la fine, signora De Bianchi... È stata molto ingegnosa, ma ha dimenticato una cosa assai banale: il telefonino!

Beatrice si lascia cadere in una poltrona e confessa tutto.

Sabbatini si gira verso Giovanni e Vittorio. Si legge sui loro visi il dolore e l'incapacità di comprendere: hanno perso tutto. Il commissario non trova il coraggio di svelare loro che Beatrice è anche complice del falso furto alla villa e che ha una relazione con Bazurro da diversi anni.

"Una cosa per volta..., si dice. In ogni modo, lo sapranno fin troppo presto." Perso nei suoi pensieri, il commissario non sente Beatrice dire al marito:

— Chiedi a Maria di togliere tutti i mazzi di mughetti. Ormai sono inutili...

---

3. **Un testamento**: documento scritto con cui una persona dispone dei propri beni dopo la sua morte.

Comprensione scritta e orale

1 Rileggi il capitolo e indica se le seguenti affermazioni sono vere (V) o false (F). Correggi quelle false.

		V	F
1	Il commissario riceve una chiamata anonima.	☐	☐
2	In passato Maurizio e Barbara hanno avuto una storia.	☐	☐
3	Beatrice De Bianchi ha fatto fallimento.	☐	☐
4	Tommaso annuncia al commissario che ha appena arrestato il colpevole.	☐	☐
5	La polizia ha trovato le impronte dell'assassino sul telefonino della vittima.	☐	☐
6	Barbara accusa il marito di aver ucciso Maurizio.	☐	☐
7	Il commissario spiega che il mughetto è la chiave del mistero.	☐	☐
8	Beatrice è arrestata solo per frode.	☐	☐
9	Maurizio ha registrato il dialogo avuto con l'omicida.	☐	☐
10	Il commissario Sabbatini rivela a Giovanni che sua moglie ha un amante.	☐	☐

2 Rileggi il capitolo e indica chi ha fatto ognuna delle seguenti azioni.

1 Ha registrato la conversazione con Beatrice. ....

2 Ha messo in vendita *Villa dei Mughetti*. ....

3 Ha sbagliato numero. ....

4 Interroga Bazurro. ....

5 Ha scritto una lettera anonima. ....

6 Ha risolto due casi in meno di due giorni. ....

7 Ha investito in Borsa. ....

8 Porta una lettera al commissario. ....

CELI 2

3 Ascolta la registrazione del capitolo e scegli l'alternativa corretta.

1 La conversazione si svolge tra Beatrice e

a ☐ Maurizio.

b ☐ Giovanni.

2 Il veleno ha provocato una crisi

a ☐ di stomaco.

b ☐ cardiaca.

3 Beatrice De Bianchi è piena di

a ☐ soldi.

b ☐ debiti.

4 La lettera anonima è stata scritta da

a ☐ Giovanni.

b ☐ Beatrice.

5 Beatrice accusa suo cugino di essere responsabile del proprio

a ☐ fallimento.

b ☐ divorzio.

6 Beatrice ha messo il veleno

a ☐ nella tisana di suo cugino.

b ☐ nell'aperitivo di suo cugino.

Competenze linguistiche

1 Associa ogni parola alla definizione corrispondente.

1	☐	Una frode	a	Dotato di creatività.
2	☐	Le impronte digitali	b	Molto in collera.
3	☐	Furibondo	c	Truffa, inganno.
4	☐	Ingegnoso	d	Segni lasciati dalle dita.

2 Ascolta la registrazione e associa ogni modo di dire al significato corrispondente.

1	☐	Ogni due per tre.	a	Riordinare le idee.
2	☐	In quattro e quattr'otto.	b	Sinceramente.
3	☐	A occhio e croce.	c	Magnificamente.
4	☐	A braccia aperte.	d	Molto spesso.
5	☐	A un tiro di schioppo.	e	All'improvviso.
6	☐	Alla grande.	f	In modo accogliente.
7	☐	Alla buona.	g	Alla svelta.
8	☐	Fare mente locale.	h	Vicinissimo.
9	☐	A cuore aperto.	i	Senza particolare precisione.
10	☐	Di punto in bianco.	j	All'incirca.

3 Completa le frasi utilizzando i modi di dire dell'esercizio precedente.

1 Sono tuo amico. Ti puoi confidare ....
2 Per non sbagliarmi, devo .... prima di cominciare.
3 Questo mobile in legno è carino, anche se l'ho realizzato ....
4 Quando sono tornato, mio padre mi ha accolto ....
5 Vado spesso in piscina. Ci vado veramente ....
6 Sai che abito .... di casa tua?
7 È partito ...., senza avvisare nessuno.
8 Ho finito il compito che dovevo fare ....
9 Sono proprio fiero di me. Ho superato l'esame ....
10 .... questo albero misura 25 metri.

4 Associa ogni fiore all'immagine corrispondente.

a Una margherita

b Una rosa

c Una mimosa

d Una dalia

e Una pervinca

f Un ciclamino

g Una camelia

h Un giglio

i Un tulipano

Produzione scritta e orale

1 Sei giornalista per un quotidiano. Scrivi un articolo per raccontare "Misteri a *Villa dei Mughetti*".

1 Riordina le illustrazioni secondo l'ordine cronologico, poi scrivi una breve frase di commento per ognuna di esse.

A

B

C

....

D

E

F

....

G

H

I

....

93

2 Indovina quale personaggio/quali personaggi si nasconde/nascondono dietro ogni affermazione.

1 Odiano Maurizio. ....

2 Deve disfare le valigie di Beatrice e preparare le camere per gli ospiti. ....

3 È il personaggio più giovane della storia. ....

4 È ipocondriaco. ....

5 È molto chiacchierona. ....

6 Ha delle fissazioni sul cibo. ....

7 Vuole cambiare il codice segreto dell'allarme. ....

8 Raccoglie spesso mughetti quando passeggia nel bosco. ....

9 Ha fotografato l'argenteria. ....

10 Un suo amico d'infanzia è appena morto. ....

11 Beve un succo di frutta all'aperitivo. ....

12 Non è a suo agio durante la festa. ....

13 Si conoscono sin dalla scuola elementare. ....

14 Arriva in ritardo alla festa. ....

15 Diagnostica una crisi cardiaca. ....

16 È molto geloso. ....

17 Ha rubato l'argenteria nella villa. ....

18 Andrà in pensione fra sei mesi. ....

19 Ha vissuto a lungo in Canada. ....

20 Amano la natura e la buona cucina. ....

21 Indaga su un omicidio e un furto. ....

22 Conosce le proprietà di parecchie piante. ....

CELI 2

3 **Scegli l'alternativa corretta.**

1 Durante l'inverno dove trascorre la maggior parte del tempo Beatrice?

a ☐ A *Villa dei Mughetti*.   b ☐ A Milano.

2 Che rapporto aveva Beatrice con il nonno?

a ☐ Lo adorava.   b ☐ Lo detestava.

3 Beatrice va d'accordo con Monica?

a ☐ No, non la sopporta.   b ☐ Sì, molto.

4 Chi è la migliore amica di Beatrice?

a ☐ Barbara.   b ☐ Monica.

5 Quale elemento distingue le camere di *Villa dei Mughetti*?

a ☐ Il colore.   b ☐ Le dimensioni.

6 In quale momento fanno conoscenza gli ospiti?

a ☐ Durante l'aperitivo.   b ☐ Durante il pranzo.

7 Perché Beatrice porta una tisana al rosmarino a Maurizio?

a ☐ Per farlo dormire.   b ☐ Per aiutarlo a digerire.

8 Che medicina dà Alessandro a Maurizio?

a ☐ Una pastiglia per la nausea.   b ☐ Un sonnifero.

9 Perché gli ospiti fanno fatica ad addormentarsi?

a ☐ Perché piove.   b ☐ A causa del vento.

10 Quando decidono di chiamare il 118?

a ☐ La mattina del 2 maggio.   b ☐ La sera del primo maggio.

11 Dove Bertazzi ha conosciuto Maurizio?

a ☐ In Canada.   b ☐ In Italia.

12 Perché la vittima ha chiamato Bertazzi durante la notte?

a ☐ Per chiedergli aiuto.   b ☐ Perché ha sbagliato numero.

13 Perché Beatrice scrive una lettera anonima?

a ☐ Per far accusare Alessandro.   b ☐ Per autodenunciarsi.

4 Scrivi sotto ogni immagine la parola corrispondente.

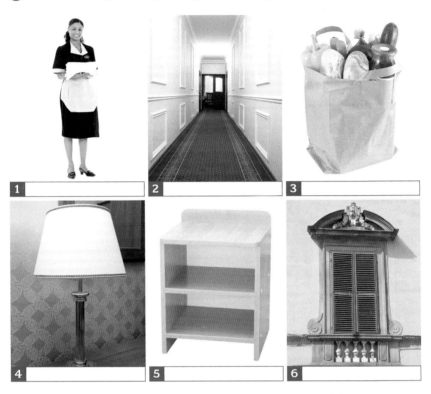

1

2

3

4

5

6

5 Trova la parola corrispondente ad ogni definizione.

1 Persona che parla molto: ....

2 Medico specialista in dietetica: ....

3 Persona che crede di essere sempre ammalata: ....

4 Persona che inganna qualcuno: ....

5 Persona che corteggia insistentemente le donne: ....

6 Piano di casa al livello del suolo stradale: ....

7 Locale dove si conservano i cadaveri: ....

8 Esame che si effettua su un cadavere: ....